El discipulado radical de Jesús

Una aplicación contextual

Dr. Sergio Navarrete

Editor: Eliud A. Montoya

El autor

Dr. Sergio Navarrete
Superintendente del Distrito del Pacífico Sur de las A/D
La Puente, CA.

Originario de Tijuana, México. Graduado del Instituto Bíblico Latino-Americano de La Puente, CA. Con 35 años de experiencia ministerial como pastor, profesor, presidente de LABI-California, y por los últimos quince años Superintendente del Distrito del Pacífico Sur de las A/D.

Obtuvo su doctorado en Ministerio en la Universidad de *Azusa Pacific* y también una Maestría en Divinidades del Seminario Teológico Fuller. Autor de la tesis, "El Discipulado Radical de Jesús," y de otros artículos. En 2014 fue electo Tesorero y miembro de la Directiva Ejecutiva Mundial de FHAD. Es miembro de la Mesa Directiva de LABI y de la Universidad Vanguard de Las A/D.

Dirige un distrito que cuenta con más de 325 iglesias, 464 ministros, y más de 60.000 miembros. A través de su ministerio, el Distrito SPD ha experimentado un crecimiento de más de 150 iglesias nuevas, ha dado nacimiento a otros Distritos Hispanos en California y Arizona, y ha llevado al distrito a una reestructuración, dando nacimiento a nuevos ministerios, para ser más efectivos en este nuevo Siglo XXI.

Casado por 34 años con su esposa Janice, con dos hijas Andrea y Aimee, dos yernos Isaiah y Charlie, y dos hermosos nietecitos, Saraia y Enoc Josías.

EDITORIAL CLIE
C/ Ferrocarril, 8
08232 VILADECAVALLS
(Barcelona) ESPAÑA
E-mail: clie@clie.es
http://www.clie.es

© 2018 por Sergio Navarrete
Editado a partir de la tesis doctoral del autor por:
Rev. Eliud A. Montoya, B.S. M.S. Th. B.

A menos que sea mencionada otra versión de la Biblia,
las citas bíblicas de esta publicación han sido tomadas de
La Santa Biblia, Nueva Versión Internacional® NVI®
© 1999 por Bíblica, Inc.™

© 2018 Editorial CLIE

EL DISCIPULADO RADICAL DE JESÚS. Una aplicación contextual
ISBN: 978-84-16845-77-4
Depósito Legal: B 10404-2017
Ministerios cristianos / Discipulado

Índice

Dedico esta obra a cinco hermosas mujeres de mi vida:
mi amada esposa Janice, mis dos hermosas hijas Andrea y Aimee,
mi madre linda María Elena y mi madre espiritual Tía Mery;
y no puedo dejar de mencionar a mis dos encantadores nietecitos
Saraia y Enoch Josiah.

"El trasfondo histórico, las comparaciones y las definiciones del discipulado radical son excepcionales. Nos dan un buen entendimiento a las muchas apreciaciones y contextos del discipulado en el Antiguo Testamento y el Nuevo Testamento".

–MARTY HARRIS, PhD.,
Presidente del LABI *College* y LATS.

"Este es uno de los pocos libros que desafía a la mentalidad moderna a regresar al enfoque primitivo del término 'discipulado,' y reprende la pretensión vanidosa de seguir a Jesús sin compromiso, sin sangre y sin cruz".

–Rev. DENIS RIVERA,
Director del Seminario Teológico Latino-Americano de las Asambleas de Dios,
La Puente, California.

"Recomiendo la lectura sobria de este libro, el cual debe estar en todas las bibliotecas de las iglesias e institutos bíblicos, y en las oficinas de predicadores y educadores que deseen llevar a efecto un ministerio relevante y transformador".

–Dr. SAMUEL PAGÁN,
Decano de Programas Hispanos,
Jerusalen Center for Biblical Studies Jerusalen and Lakeland.

"El Dr. Navarrete acierta cuando nos sumerge en el fascinante tópico del discipulado radical de Jesús y sus aplicaciones prácticas para el siglo XXI. Es un libro académico, pero a la vez de lectura y compresión para todo tipo de lector".

–Dr. ARNOLDO GRANADOS,
Pastor del Centro Internacional, Misión Viejo, California;
y profesor del Seminario Teológico Pentecostal, California.

"Este libro ayudará al pastor a despertar en él o ella la necesidad del desarrollo del proceso de discipulado en su iglesia. Lo recomiendo ampliamente".

–Rev. DANIEL DE LEÓN,
Pastor del Templo Calvario, Santa Ana, California.

El Dr. Sergio Navarrete nos invita a reflexionar sobre el llamado de Jesús a ser sus discípulos y lo que significa para nosotros hoy dentro del contexto hispano.

–JUAN FRANCISCO MARTÍNEZ,
PhD., Profesor de Estudios Hispanos y Liderazgo Pastoral
Fuller Theological Seminary.

Las demandas de Jesús de que cada creyente se convierta en un discípulo radical son tan vigentes hoy como lo fueron cuando Jesús llamó a sus discípulos. Felicito al Dr. Sergio Navarrete por esta excelente exégesis.

–Dr. JUAN ANTONIO SARIÑANA,
Pastor de la iglesia Centro Evangelístico Ebenezer, Cudahy California

"El Dr. Navarrete reta a sus lectores a comprender el llamado único de Jesús a seguirle. Pues no es solamente seguir sus enseñanzas, sino a Él mismo; y amarlo, aún si esto costara sufrimiento y muerte..."

–Rev. DENNIS RIVERA,
Director de Relaciones Hispánicas
Assemblies of God; National Resource Center

"El autor, combinando armónicamente la teoría con la praxis, conduce a una reflexión profunda que revela la importancia de que el creyente sea un discípulo radical de Jesús; entendiendo esto como el camino hacia el cumplimiento de la misión de la iglesia en el mundo".

–Dr. JOO TAE KIM,
Director de Distrito de Formación Espiritual
South Pacific District

Agradecimientos

Al fallecido Dr. George Gay y su clase "Teología del Discipulado" impartida en *Fuller Theological Seminary*, la cual me dio la idea original de estos escritos.

Estoy igualmente en deuda con mis mentores, Dr. Isaac J. Canales, Dr. Jesse Miranda, y Floyd Woodworth, por su constante ánimo, consejo y muchos años de influencia formativa que me ayudaron a completar esta tarea.

Deseo expresar mi gratitud al Dr. John Perea, Dr. Urías Mendoza, Rev. Dennis Rivera, y Dr. Enrique Zone, por su generosa y experta asistencia. Por sus muchas horas de lectura paciente, que sin ellas, jamás hubiera terminado este documento.

Agradezco también a mis maravillosos maestros de LABI, *Fuller Theological Seminary*, y *Azuza Pacific University* tales como Esteban Camarillo, Joel Torres, Lee Baca, Dean González y muchos otros. Ellos me enseñaron la palabra de Dios y cómo servir fielmente a nuestro Maestro en Su reino.

Al Rev. Eliud A. Montoya y su esposa Iuliana Sagaidak por la excelente edición y diseño de este libro y su preparación para ser finalmente impreso.

Sergio Navarrete, D. Min.
La Puente, California
Marzo, 2017

Prefacio

Este libro es un brillante análisis del concepto de discipulado cristiano, en donde el Dr. Navarrete, argumenta con éxito que, para entender el discipulado, uno debe ponerse de acuerdo con la naturaleza intrínseca del tema. Más que una tibia dedicación al *kerigma*, el verdadero discipulado abarca las demandas radicales de Jesús. Estas exigencias implican un divorcio de todo lo que podemos considerar querido, a fin de seguir a Cristo.

En la historia rabínica, la idea del discipulado estuvo en manos de la díada de enseñanza rabino/discípulo que apuntaba la Torá. Pero el Dr. Navarrete sostiene que, aunque Jesús toma la estructura básica del judaísmo, de la díada rabino/discípulo, su marco conceptual para el discipulado es diferente. Jesús no dirige a sus discípulos a la Torá, sino que los dirige a Él mismo, como el objeto y la autoridad centrífuga del discipulado y como la *raison d'etre* de sus demandas radicales.

Este libro está bien organizado y posee una buena dosis de investigación, llevando al lector pensativamente a la conclusión de que las demandas del discipulado son radicales. El libro del Dr. Navarrete es a la vez teórico, equilibrado y un tanto práctico cuando aplica el discipulado radical a un medio latino.

La pasión del Dr. Navarrete por el tema se desvanece en un vivo estilo latino, evangélico y pentecostal, enmarcado por un gozo hispánico en las Escrituras; estas son la inspiración última y primaria para sus aserciones.

Sus afirmaciones se desarrollan desde el punto de vista de sus propias particularidades culturales. El alcance y la amplitud de su erudito análisis contienen un compromiso riguroso que conversa con las fuentes literarias judías, las inter-testamentarias y los modelos de discipulado neo-testamentarios. Este trabajo de fondo, resulta útil para concluir que el discipulado es de hecho radical, no pasivo. También apunta a direcciones futuras en el estudio del discipulado radical.

Es emocionante pensar en el impacto de la resurrección y los "cuarenta días después", y cómo estos eventos pudieron haber impactado la radicalidad de un compromiso con Jesús. Como galileos, los discípulos ya estaban preparados a un nivel cultural, religioso y político para un Mesías-Maestro; además, uno resucitado. Otra dirección para la reflexión futura es que el discípulo latino radical se enfrenta con el reto de enlazarse de manera más asertiva en combatir la injusticia social.

La Iglesia latina, en particular la iglesia evangélica pentecostal, ha sido considerada estereotípicamente como introvertida, aislada de las urgencias cívicas y metas sociales. Puede ser que la iglesia latina en todo el mundo deba poner más énfasis sobre temas de justicia social, aunque se ven rasgos esperanzadores de compromiso. Sin embargo, Navarrete une estos dos temas radicales en uno solo: que se luche por la justicia y que se salven las almas. Ambas demandas son radicales y ambas son esenciales para el discipulado radical en el mundo latino.

Finalmente, el Dr. Navarrete nos recuerda algo importante pero poco común en nuestra fácil cultura cristiana: debemos dejar todo para seguir a Jesús; de otra manera no es posible ser Su discípulo.

Dr. Isaac J. Canales,
Pastor de *Mission Ebenezer Family Church* – Carson, CA

Prólogo

Es causa de gran gozo para mí presentar esta primera obra de la serie "Teología Práctica Pentecostal". El Discipulado Radical de Jesús fue un proyecto que comenzó a gestarse entre amigos interesados en la educación teológica y ministerial de los latinos. Ahora, esto que fue un proyecto ambicioso, finalmente se ha concretado con la reciente apertura del Seminario Teológico Pentecostal de California, que le saca a la luz, mediante su rama editorial.

Este volumen es escrito por uno de mis más grandes amigos, el Doctor Sergio Navarrete, quien es un reconocido líder pentecostal en el contexto del Sur de California, y aún en toda la América Latina por más de treinta años. El Dr. Navarrete se ha desempeñado exitosamente en el ministerio pastoral, en la enseñanza –impartiendo sus conocimientos en varios seminarios teológicos y universidades–, y como líder de denominación; pues al presidir el *South Pacific District* de las Asambleas de Dios por más de 15 años, le ha traído grandes logros y resultados.

El Discipulado Radical de Jesús es para mí un libro único y especial. Lo es, en primer lugar, por estar escrito por alguien a quien conozco de cerca, un verdadero discípulo de Jesús que vive lo que escribe. En segundo lugar, por estar escrito por un latino, lo cual, es en sí un éxito notable dentro de nuestra comunidad sobresalientemente oral; y en tercer lugar, por desarrollar con tanto acierto la temática del discipulado, un tema que responde a una necesidad imperiosa en el ministerio. En último lugar, es especial porque propone un discipulado radical bíblico aplicado a la realidad de la iglesia latina en todo el mundo.

En *El Discipulado Radical de Jesús*, el Dr. Navarrete, haciendo uso de la investigación histórica y exegética, arroja nueva luz sobre el trasfondo griego y judío del discipulado de Jesús, señalando sus similitudes y diferencias. El discipulado de Jesús –propone el autor–, es un discipulado radical. El discípulo es más que un aprendiz, es un creyente comprometido que no solo sigue la doctrina o causa cristiana, sino que está involucrado personalmente con el Maestro. Por ello, el discipulado de Jesús no trata de méritos intelectuales del discípulo, sino solo de un llamamiento. Y en este, a diferencia del discipulado rabínico judío, no se hacen ofertas de grandeza, sino más bien, por el contrario, se enfatiza el costo. Su propósito no es que sus discípulos sean rabís, sino siervos del reino de Dios.

El análisis exegético de Lucas 14:25-33 es el diamante de este libro. De ahí, irradian luminosamente los principios del discipulado radical de Jesús. La lealtad del discípulo de Jesús es similar a la del levita que tiene que dejar todo, aún a la familia, mientras realiza sus tareas sacerdotales. Se asemeja a la lealtad que Dios demanda de su pueblo, "no tendrás dioses ajenos delante de mí;" y es un llamamiento a tomar la cruz y seguirle. Por eso, es necesario sentarse, calcular el costo, y "considerar bien" antes de decidir si seguirle o no. Tal como el autor lo expresa, las tres demandas del discipulado radical son: "No permitir que nadie sea más importante que Él. Segundo, el estudiante potencial debe estar dispuesto a sufrir lo que sea, incluso el martirio, por Jesús. Y tercero, no permitir que ninguna posesión sea un obstáculo para seguirle diariamente. De no cumplir con estos requisitos, entonces una persona "no puede ser Su discípulo".

Finalmente, el autor aplica los principios descubiertos en su investigación a la tarea de discipulado de la iglesia latina. Este es un trabajo pionero, digno del aplauso de quienes con tanta urgencia buscamos entender el espíritu del discipulado de Jesús para aplicarlo de manera fiel a las comunidades latinas de nuestro siglo.

El Seminario Teológico Pentecostal de California (SETEPEN) se complace en presentar a la comunidad teológica y ministerial este primer volumen de su serie "Teología Práctica Pentecostal", orando que sirva de base para una reflexión más profunda entre los estudiantes serios del discipulado, que sea generadora de un movimiento global en la comunidad hispanoparlante, y formadora de discípulos radicales de Jesús.

Urías Mendoza, D. Min.
SETEPEN, Presidente. – La Puente, California

Introducción

Es interesante lo que ocurre en los Estados Unidos. Hoy, este país está experimentando lo que algunos sociólogos llaman "The Browning of America", (la transmutación parda de Estados Unidos).[1] La demografía americana está cambiando cada minuto. El crecimiento de los grupos latinos sobrepasa el crecimiento de cualquier otro grupo étnico en los Estados Unidos.[2] El *New York Times* publicó en el 2003 que los hispanos se habían convertido en el grupo minoritario más grande.[3] Un reporte del *Pew Research Center* arroja que los latinos representaron el 18% de la población total de los Estados Unidos en el 2015, y serán más de 106 millones (24%) para el año 2065.[4] Tomas Alberto Ávila escribe:

"Nuestro país, una vez dominado por europeos, rápidamente se está convirtiendo en uno donde los europeos son la minoría. El influjo de hispanos de Puerto Rico, México, y Sur y Centro América; negros del Caribe y África; y asiáticos de Vietnam, Corea, y China está causando que Estados Unidos se mueva en una nueva dirección demográficamente".[5]

[1] Earnest Harris, "No More Race" https://nomorerace.wordpress.com/2013/04/12/the-browning-of-america/

[2] http://www.pewhispanic.org/2015/09/28/modern-immigration-wave-brings-59-million-to-u-s-driving-population-growth-and-change-through-2065/ph_2015-09-28_immigration-through-2065-a2-06/

[3] http://www.nytimes.com/2003/01/22/us/hispanics-now-largest-minority-census-shows.html

[4] http://www.pewhispanic.org/2015/09/28/modern-immigration-wave-brings-59-million-to-u-s-driving-population-growth-and-change-through-2065/ph_2015-09-28_immigration-through-2065-a2-06/

[5] Ávila, Tomás Alberto (2007). "Rhode Island Latino Political Empowerment" Milenio Publishing, LLC. Providence, RI

El 30 de Agosto de 2000, *Los Angeles Times* publicó un artículo con el siguiente encabezado: "Minorías se convierten en mayoría en el estado, según el censo oficial".[6] Luego, en 2015, la revista *US News* publicó: "Es oficial, Los Estados Unidos se están convirtiendo en un país de minorías". Y luego, en el cuerpo del texto se lee: "De acuerdo al *U.S. Census Bureau*, en 2014 hubo más de 20 millones de niños de 5 años o menos viviendo en los Estados Unidos y 50.2 por ciento de ellos pertenecía a una minoría".[7]

Aún y cuando la población latina en el país de las barras y las estrellas va tomando cada vez mayor importancia, la calidad de vida de la mayoría de sus integrantes permanece en el fondo socio-económico, y esto no solo en Estados Unidos, sino en el resto del mundo. Sin embargo, algunos latinos han alcanzado lugares de honor. Mencionaré solo algunos nombres de entre ellos.

1. En las artes, tenemos varios cantantes latinos de renombre como Marcos Witt, Jesús Adrián Romero, Marcos Barrientos, Alex Campos, Christina Aguilera, Gloria Estefan, y Jaci Velásquez.
2. En Hollywood tenemos a Edward James Olmos, Diego Luna, George López, y Salma Hayek; nos representan muy bien.
3. En educación, somos bendecidos con personalidades latinas como: Jesse Miranda, Isaac Canales, Samuel Pagán, Justo González, Eldin Villafañe, Juan Martínez, Urías Mendoza, Denis Rivera, John Brito, Arnoldo Granados, Marty Harris, y muchos más.
4. En deportes, tenemos a Roberto Clemente, Óscar De La Hoya, Lisa Fernández, Álex Rodríguez, Fernando Valenzuela, y muchos más.
5. En negocios, tenemos varios multimillonarios latinos como Raúl Alarcón, Carlos Cardona, Walter Ulloa, William Dávila, Louis Ruiz, y otros.

Aunque hay latinos en lugares de honor en la sociedad norteamericana y en el mundo, la realidad es que la mayoría de nuestro pueblo todavía ocupa lugares muy bajos en cuanto a educación, empleo, e ingresos dentro de la sociedad.

El propósito de este libro es que seamos convencidos de que a cada uno de los grupos étnicos, incluyendo a los latinos, Cristo les ofrece una mejor vida en Él. Ábalos argumenta que para que la Iglesia sea capaz de afirmar y ministrar holísticamente (es decir, en todos los ámbitos) a los latinos, no solo debe de tomarse en cuenta el aspecto espiritual, sino también aquello relativo a lo laboral,

---

[6] Nelson, Soraya S. y O'Reilly, Richard. "Minorities Become Majority in State, Census Officials Say". The Los Angeles Times, Aug. 30, 2000. p. A1.
[7] http://www.usnews.com/news/articles/2015/07/06/its-official-the-us-is-becoming-a-minority-majority-nation

familiar, asuntos de instituciones de salud, educación bilingüe y bi-cultural, y también lo que tiene que ver con la justicia legal.[8]

En Lucas 14:25-33, Jesús presenta los fundamentos y requerimientos necesarios para ser ciudadanos del reino de Dios al presentar Sus demandas radicales de discipulado. Jesús entiende las necesidades de las multitudes, y sabe que al convertirse en Sus discípulos, ellas se convertirán en parte de Él, serán miembros del reino de Dios, gozarán de una vida nueva y vida eterna en Cristo, experimentarán la totalidad de las grandes bendiciones del cristianismo y expandirán el reino de Dios en la Tierra.

Es interesante pensar: ¿qué sucedería si los latinos obedeciéramos las demandas radicales del discipulado de Jesús? Definitivamente experimentaríamos una mejor vida aquí en la Tierra y la garantía de vida eterna después de la muerte.

Lucas 14:25-27, 33 nos dice: "Grandes multitudes seguían a Jesús, y él se volvió y les dijo: Si alguno viene a mí y no odia a su padre y a su madre, a su esposa y a sus hijos, a sus hermanos y a sus hermanas, y aun a su propia vida, *no puede ser mi discípulo*. Y el que no carga su cruz y me sigue, *no puede ser mi discípulo*. De la misma manera, cualquiera de ustedes que no renuncie a todos sus bienes, *no puede ser mi discípulo*".

Jesús iba en Su camino a Jerusalén para cumplir victoriosamente Su ministerio a través de Su muerte. Él comprendía que Su muerte estaba cercana, y no quería partir sin antes entrenar un grupo de discípulos. Jesús preparó a Sus discípulos para que continuaran Su labor aquí en la Tierra, por tanto, Él enfatizó fuertemente Su modelo de discipulado radical.

Los siguientes pasajes de los evangelios, Mt. 10:34-42; Mr. 1:16-20, 2:14, 8:34-38, 10:29; Lc. 9:23-26, 14:25-33, aparentemente presentan a Jesús como un rabino demandante de un discipulado muy radical a todos Sus seguidores potenciales. En Lucas 14:26, Jesús parece demandar de aquellos que aspiraban a ser Sus discípulos que "odien" a sus seres amados para poder convertirse en Sus discípulos verdaderos. En el verso 27, Él, presumiblemente, pide a Sus seguidores estar dispuestos a morir si desean ser Sus discípulos. ¿Era Él en realidad así de radical o lo estamos malinterpretando? ¿Cómo debemos –siendo cristianos latinos–, entender y practicar el modelo de discipulado de Jesús ahora en el siglo XXI?

Lucas 14:25-27, 33 hace surgir muchas preguntas. ¿Por qué es Jesús tan demandante y radical con Sus seguidores? ¿Es este el método normal de hacer discípulos? ¿Era este discipulado radical la expectativa solo para el grupo original de discípulos de Jesús? ¿Son estas peticiones solo para un grupo élite

---

[8] Ábalos, David T. "Latinos in the United States: The Sacred and the Political", Notre Dame, Indiana. University of Notre Dame Press. 1986. P. 7.

de seguidores? ¿Es este tipo de discipulado el patrón esperado de todos los seguidores potenciales de Cristo? ¿Puede una persona convertirse en cristiano sin obedecer estas radicales demandas de discipulado? ¿Cómo debemos –como latinos– entender y practicar el modelo de discipulado de Jesús en nuestro tiempo? ¿Es este método de discipulado un elemento importante de la teología para la formación espiritual? La respuesta a estas preguntas es la meta de este libro.

Para obtener una mejor comprensión de los verdaderos requisitos establecidos por Jesús para ser Su discípulo, lo que Él quiso transmitir a Sus seguidores, y para ofrecer una aplicación contextual a los latinos en todo el mundo, a lo largo de este libro descubriremos: **1)** Cómo es interpretado el discipulado en nuestros días. Para ello mencionaré cuatro formas en que el discipulado es entendido y practicado por los cristianos hoy; **2)** Haré un estudio en profundidad del significado de la palabra «*mathêtê*», que en Español se traduce como "discípulo", y cómo este término es usado en el Nuevo Testamento; **3)** Viajaremos a través de la historia para descifrar algunos panoramas del discipulado en el judaísmo antiguo. Para ello, examinaré algunos datos de la literatura judía antigua, de la teología del judaísmo anterior a Cristo, y de la terminología del discipulado del judaísmo en aquellos tiempos. De la misma manera, daré un vistazo a las relaciones del discipulado en el judaísmo del primer siglo, y formularé una comparación entre el programa de discipulado cristiano y el rabínico; **4)** Iremos al estudio de la interpretación exegética de Lucas 14:25-33 (esta es la base bíblica más importante de este libro); **5)** Haré un estudio del uso de la palabra "discípulo" en los labios de Jesús frente a frente en los evangelios sinópticos (Mateo, Marcos y Lucas). Se les llama a esos evangelios, los "sinópticos", porque tienen el mismo esquema y parten de una triple tradición común, la famosa "Fuente Q", que narraba la predicación de Jesús, pero que no incluía la Pasión, las tradiciones orales de los testigos y las colecciones de escritos sobre Sus palabras. Los escritores de los evangelios sinópticos eran personas que le conocían bien y nos ayudan a entender mejor el programa de discipulado de Jesús; **6)** Presentaré una aplicación de estos temas a los latinos que están en todo el mundo incluyendo a los que han emigrado a los Estados Unidos; **7)** Aplicaré las ideas expuestas sobre discipulado a los latinos, y una descripción bíblica de un discípulo radical de Jesús; **8)** Al final de cada capítulo encontrará preguntas de reflexión para profundizarse en el tema; y **9)** Se provee un apéndice con información que ayudará a los latinos a aplicar diariamente el discipulado radical de Jesús en sus vidas.

Una mejor comprensión de las demandas del discipulado radical de Jesús beneficiará inmensamente a los cristianos de hoy, al experimentar la vida nueva y la vida en abundancia del reino de Dios en nuestro diario vivir, y en el crecimiento continuo en nuestra relación con nuestro Señor Jesucristo. De la misma manera, los ministros del evangelio completarán sus ministerios con gozo. Es el enfoque de este libro –investigar el discipulado radical de Jesús en una aplicación práctica a través de distintas áreas y ópticas. El primer capítulo ofrece un entendimiento de cómo el discipulado es interpretado hoy.

CAPÍTULO I

Cómo es interpretado hoy en día el discipulado

¿Cómo deben ser interpretadas y practicadas las demandas del discipulado de Jesús hoy? ¿Simbólica o literalmente? Dallas Willard, el conocido filósofo cristiano californiano apenas fallecido hace algunos años, escribe acerca de la importancia que dan al discipulado de Jesús los cristianos en Estados Unidos. Él dice, "...el discipulado, o ser aprendices de Jesús, ya no es en nuestros días visto como algo esencial a la fe en él".[1] Ahora los eruditos proveen numerosas interpretaciones acerca del discipulado cristiano. Algunos de estos eruditos argumentan que las demandas radicales del discipulado de Jesús eran solo para los primeros seguidores, mientras que otros defienden que el cristianismo sin un discipulado radical es una aberración de los mandamientos de Jesús.

Hans Inge Kvalbein, el teólogo noruego (1942-2013), presenta uno de estos argumentos cuando escribe:

"El llamado de Jesús a sus discípulos a dejar su familia e incluso 'odiar' padre y madre, esposa e hijos (Lc. 14:26) no es por supuesto un mandato general de validez ilimitada. Solo tiene relevancia cuando estas relaciones tratan de impedir una obediencia absoluta a él".[2]

¿Tiene Kvalbein la razón? De acuerdo a él, las demandas radicales de Jesús no pueden ser generalizadas ni aplicadas invariablemente. O es John James Vincent,

---

[1] Willard, Dallas. "The Divine Conspiracy: Rediscovering our hidden life in God". San Francisco, CA: HarperCollins Publishers. p. xvii, 1998.

[2] Kvalbein, Hans. "Por lo tanto id y haced discípulos...El concepto del discipulado en el Nuevo Testamento", Themelios, 13 (En.-Feb. 1988). p. 49.

escritor del libro *Discipleship and Synoptic Studies'*, quien tiene la razón cuando dice que si estas demandas radicales son tomadas literalmente, entonces solo unos pocos podrían ser discípulos. Si nos encontramos ante el dilema de que deben ser tomadas simbólica o espiritualmente, entonces claramente significan algo diferente para nosotros de lo que significaban para aquellos que fueron llamados primero.[3]

Por otro lado, encuentro a eruditos como J.A. Fitzmyer, quien cita a J. Schmid diciendo: "Solo la persona capaz de una decisión radical y dolorosa, de poner toda relación natural y humana después de la conexión con Jesús y dar hasta la vida misma en martirio, puede convertirse en un verdadero discípulo de Jesús".[4] Hubo otros, como Dietrich Bonhoeffer (pastor alemán luterano, 1906-1945), quien enfatizaba que las demandas radicales del discipulado son aplicables a los cristianos en general. Para Bonhoeffer, el cristianismo sin discipulado degrada la gracia de Dios. Él dice: "Gracia barata es una gracia sin discipulado, gracia sin la cruz, gracia sin Jesucristo... Felices aquellos quienes saben que el discipulado significa la vida que surge de la gracia, y gracia simplemente significa discipulado."[5]

¿Cómo debemos –como cristianos latinos viviendo en nuestros respectivos países en todo el mundo y en el siglo XXI–, interpretar las demandas de Jesús para hoy en día? ¿Debemos interpretarlas literal o simbólicamente? Hay cuatro principales interpretaciones de discipulado.

Discípulos como aprendices

El primer grupo argumenta que un "discípulo" es la persona que se convierte en un estudiante o aprendiz bajo un gran maestro, sin tener una relación con la salvación o el convertirse en cristiano. Livingston Blauvelt Jr. representa esta creencia cuando escribe:

> *"La palabra griega [traducida como] 'discípulo' «mathêtê» viene del verbo «manthanô» 'aprender'... Muchas personas, tanto salvas como no salvas, aprendían de Jesús. Así que Él exhortaba a aquellos que le seguirían a calcular el costo (Lucas 9:23; 14:25-35). Que los términos 'discípulo' y 'cristiano' no son sinónimos es claro en el evangelio de Juan. 'Desde entonces muchos de sus discípulos le volvieron la espalda y ya no andaban con él' (Juan 6:66). Además, ahí estaba Judas, un discípulo no salvo".[6]*

---

[3] Vincent, J.J. "Discipleship and Synoptic Studies", Theologische Zeitschrift, 16 (1960) 456.

[4] Fitzmyer, J.A. "The Gospel According to Luke (X-XXIV)" AB 28A. Garden City, Nueva York: Doubleday, 1985. p. 1062.

[5] Bonhoeffer, Dietrich. "The Cost of Discipleship" trans. R.H. Fuller, 2d. Rev. Ed. (Nueva York: Macmillan, 1963). pp. 47, 60.

[6] Blauvelt, Livingston. "Does the Bible Teach Lordship Salvation?" Bibliotheca Sacra, 143 (1986): 41.

Aunque Blauvelt correctamente enseña "la temprana relación lingüística entre el sustantivo "discípulo" y el verbo "aprender", y los diferentes tipos de discípulos en los tiempos de Jesús, está equivocado en dos puntos importantes. Primero, el término griego «*mathêtê*» en su uso neotestamentario, significa más que un simple aprendiz; lleva también una amplia definición de creyente. Segundo, él está equivocado al no investigar el uso de «*mathêtê*» fuera del evangelio de Juan, porque en Hechos 11:26, «*mathêtê*» es sinónimo de cristiano. Hechos 11:26 dice: "Fue en Antioquía donde a los discípulos se les llamó cristianos por primera vez". Los primeros cristianos se describían a sí mismos como «*mathêtê*» antes de llamarse cristianos.

Discípulos como creyentes comprometidos

La segunda forma de entender el discipulado para los cristianos de hoy divide a la cristiandad en dos grupos. Primero, "los cristianos comprometidos" que son aquellos que obedecen las demandas radicales del discipulado, y segundo, los cristianos que no están dispuestos a pagar el alto precio del discipulado y continúan siendo creyentes, pero no discípulos. Dwight Pentecost escribe, "hay una enorme diferencia entre ser salvo y ser un discípulo. No todos los que son salvos son discípulos."[7]

Pentecost no comprende que el llamamiento al discipulado que hace Jesús es tanto una invitación a la salvación como al discipulado. El llamamiento que Cristo muestra en Mateo 19:16-22 apela tanto a la vida eterna como al discipulado. La gran comisión en Mateo 28:19-20 es tanto un mandato para la salvación como para el discipulado. El llamamiento al discipulado que se encuentra en Marcos 8:34, y el llamamiento a la multitud en Lucas 14:25-33, eran también una invitación a la salvación y al discipulado. Aún más, como se indica antes, Hechos 11:26 demuestra como discípulos y cristianos no son dos diferentes grupos de creyentes. Por lo tanto, «*mathêtê*» en el Nuevo Testamento, es un término usado tanto para discípulos como para cristianos.

Discípulos como ministros

La tercera descripción de discipulado afirma que los discípulos son solo aquellos cristianos que han sido llamados al ministerio. Separa la cristiandad en un sistema de dos niveles de clases. Esto implica que las demandas radicales del

---

[7] Pentecost, J. Dwight. "Design for Discipleship", Grand Rapids, Zondervan, 1971. p. 14.

discipulado estaban dirigidas solo para los ministros. Dennis Sweetland, autor del libro *Nuestro Viaje con Jesús*, cree que Jesús hace dos diferentes llamamientos a sus seguidores: uno a la salvación y otro al ministerio. Sweetland escribe al explicar Marcos capítulo 1: "El primero (1:15) presenta el llamado al arrepentimiento y la fe, el segundo (1:17) como seguidores y a ser 'pescadores de hombres'".[8]

Este grupo es casi similar al grupo anterior, separando a los cristianos en dos, pero esta teología de discipulado falla en no observar la diferencia entre «*ho mathetes*» (los discípulos), «*ho dodeka*» (los doce), y «*ho apostolos*» (los apóstoles). Karl H. Rengstorf, teólogo alemán y director de estudios del Monasterio de Loccum en Alemania, nos recuerda que los apóstoles salen del círculo de discípulos[9] (vea Marcos 3:13), de aquellos seguidores que ya han aceptado las demandas radicales de discipulado. La convocatoria radical de Jesús es hecha a todos los discípulos potenciales (Lucas 14:25), no solo a ministros. Por lo tanto, el apostolado era una función que los doce discípulos que fueron seleccionados recibieron de entre un grupo mayor de discípulos.

Discípulos como creyentes en el proceso de discipulado

Esta propuesta acepta a todos los creyentes como discípulos y argumenta que desde el momento de la conversión inicia la vida del discipulado. Utiliza la Gran Comisión de Jesús "Vayan y hagan discípulos de todas las naciones..." (Mt. 28:19), para enfatizar que el discipulado comienza con la salvación. Michael J. Wilkins, profesor decano de la Universidad de Biola, afirma:

"... este modelo no siempre clarifica cuáles de las demandas del discipulado... eran para quiénes, ni tampoco especifica el propósito por el que estas demandas son hechas. Las advertencias del discipulado radical de Jesús son frecuentemente presentadas como una sola, sin distinguir ni la audiencia frente a la cual son presentadas ni el propósito por el que son dadas... ¿Están todos los discípulos/creyentes bajo obligación de todas las enseñanzas de discipulado?... ¿Deben todos los cristianos dar sus riquezas a los pobres? ¿Cuál era el propósito de los desafíos del discipulado dado por Cristo en su ministerio público?... ¿Debe una persona llevar a cabo actos de compromiso antes de la conversión? De ser así, ¿cómo encuadra esto con la gracia? De no ser así, ¿qué significa calcular el costo?... ¿Hay alguna diferencia entre el discipulado encontrado en los evangelios y el discipulado de la iglesia

---

[8] Sweetland, Dennis M. "Our Journey with Jesus", pp. 17-18.
[9] Rengstorf, Karl H. "*mathētē*" TDNT, 4: Eerdmans, 1969, Ed. By Kittel, p. 450.

primitiva del libro de los Hechos?... ¿Son tan radicales las enseñanzas del discipulado de Jesús que ya no son una realidad práctica para nosotros en el mundo moderno?" [10]

Lo que intento en este libro es contestar las preguntas sustanciales de Wilkins sobre el discipulado. Esto nos dará un entendimiento más rico de las demandas radicales del discipulado de Jesús. Para ello, es esencial que contextualicemos la realidad de Jesús a través de la investigación de Su entorno para alcanzar un mejor y mayor entendimiento de Su modelo de discipulado. ¿Cómo entendía y usaba Jesús el término «*mathêtê*»?

Preguntas de reflexión

1. ¿Cuáles son las cuatro diferentes interpretaciones del discipulado cristiano hoy?
2. ¿Cómo refutaría el argumento de que cristiano y discípulo no deben manejarse como palabras sinónimas en el discipulado de Jesús?
3. ¿Cuáles son las bases bíblicas que objetan la idea de que se puede ser un creyente sin ser un discípulo?
4. ¿Qué relación tiene el llamamiento al ministerio y el discipulado de Jesús?

---

[10] Wilkins, Michael J. "Following the Master", p. 33.

CAPÍTULO II

Un estudio léxico y semántico de «*Mathêtê*»

Un estudio léxico y semántico de la palabra griega «*mathêtê*», nos provee un gran entendimiento del discipulado de Jesús. La variedad de interpretaciones de «*mathêtê*» produce diferentes entendimientos del discipulado que Jesucristo estableció. Por lo tanto, es de gran importancia entender correctamente qué es lo que realmente significa «*mathêtê*». Los términos de discipulado más usados en el Nuevo Testamento son «*ho mathêtê*» (los discípulos), «*ho dodeka*» (los doce), y «*ho apostolos*» (los apóstoles). Veamos entonces cuál es el significado lingüístico de estos términos.

El término «*mathêtê*»

El *Greek-English Lexicon of the New Testament* de Bauer, Gingrich y Danker, nos informa que «*mathêtê*» puede entenderse de dos maneras: secularmente, cuando significa simplemente "pupilo" o "aprendiz", y religiosamente, cuando significa un "discípulo" o "adherente".[1] En tiempos antiguos había diferentes grupos con sus propios discípulos. Algunos profetas del Antiguo Testamento parecen

---

[1] Bauer, Walter. El Léxico Griego-Ingles del Nuevo Testamento y otra Literatura Cristiana Primitiva, Segunda Edición revisada y aumentada por F.W. Gingrich y Frederick Danker, Chicago y Londres: The University of Chicago Press, 1957, 1979. p. 485.

haber tenido sus propios discípulos o seguidores.[2] Los filósofos griegos tuvieron sus propios discípulos, y los rabinos tenían sus propios estudiantes, tal como lo explico a continuación.

En el Nuevo Testamento «*mathêtê*» aparece cerca de 260 veces, y solo se encuentra en los Evangelios y en el libro de los Hechos; en ningún otro lugar aparece. El Nuevo Testamento usa «*mathêtê*» en tres formas diferentes: seguidor religioso, creyente en Cristo y un miembro de los Doce.

Un seguidor religioso

En Juan 9:28 encontramos a los discípulos de Moisés; en Mt. 22:16 y Mr. 2:18 se mencionan los discípulos de los fariseos; y en los cuatro evangelios encontramos a los discípulos de Juan el Bautista. Pierson Parker, quien fue profesor en el *General Thelogical Seminary,* localizado en Manhatan, NY, afirma que "los mismos discípulos de Jesús usualmente son llamados no 'los' sino 'Sus' discípulos, como distinguiéndoles de otros grupos similares".[3] Una diferencia muy importante entre los discípulos de Jesús y los discípulos de los rabinos o los de los filósofos griegos es el factor lealtad. En estos últimos grupos, sus discípulos se unen a una causa o a una enseñanza, mientras que los discípulos de Jesús se adhieren a Su persona.[4] Esto se ve claramente en los evangelios donde Jesús muchas veces usa el pronombre "Yo". Vea por ejemplo Mt. 10:38; Mr. 8:34; Lc. 14:27. Marcos 8:34 dice: "Entonces llamó a las multitudes y a sus discípulos y les dijo: Si alguien quiere ser **mi** discípulo que se niegue a sí mismo, lleve su cruz y **me** siga" (Énfasis mío).

Un creyente en Cristo

La segunda manera en que «*mathêtê*» es usado en el Nuevo Testamento es como creyente en Cristo. Hechos usa «*mathêtê*» veintidós veces, en comparación con «*hagios*» (santos) cuatro veces y «*cristianos*» una vez. *Mathêtê* en los evangelios, no siempre se limita a los Doce, "ni aclara cuándo se refiere a ellos o indica un

---

[2] Para un estudio completo en este tema, ver Rengstorf, K. H. «*mathêtê*» TDNT, 4:415-61; Fitzmyer, J. A. "Luke The Theologian: Aspects of His Teachings", Nueva York: Paulist Press, 1989; M. J. Wilkins",The Concept of Disciple in Matthew's Gospel: As Reflected in the Use of the Term Mathêtê", NovTSup 59, Leiden: E. J. Brill, 1988.

[3] Pierson Parker, "Disciple", The Interpreter's Dictionary of the Bible, George Arthur Buttrick, editor. Nashville: Abingdon, 1962. 1:845.

[4] Rengstorf, K. H. «*mathêtê*» TDNT, 4:447.

grupo más grande (p. ej. Mt. 8:21; Mr. 3:7; Lc. 6:13; 19:37)". En Lucas 6:12, 17, encontramos que Jesús tenía una "gran multitud de sus discípulos" y que de entre ellos escogió doce apóstoles. Juan 6:66-67 claramente establece que "discípulos" no necesariamente significa "los Doce". El verso dice: "Desde entonces muchos de sus discípulos le volvieron la espalda y ya no andaban con él".

Un miembro de los doce

La tercer manera en que «*mathêtê*» es usado en el Nuevo Testamento es como miembro de los doce. *Mathêtê* como miembro de los doce aparece alrededor de veinticuatro veces en los evangelios, como en Lc. 9:54; Jn. 6:8; 12:4. Mateo lo usa más de la mitad de las veces. Mateo es también el único que usa la frase "los doce discípulos" (Mt. 10:1; 11:1; 20:17).

Mathêtê en el Nuevo Testamento significa una persona dispuesta a responder a las demandas radicales del discipulado impuesto por Jesús. Jesús llamó a Sus discípulos a sí mismo y no solo a Sus enseñanzas. Tal como Claude Goldsmid Montefiore (1858-1938), quien fue un erudito judío inglés, atestigua:

"Un discipulado como el demandado por Jesús e inspirador (de un seguimiento, no para el estudio sino para el servicio —a ayudar al Maestro en su misión, para llevar a cabo sus instrucciones y así sucesivamente) era aparentemente algo nuevo, entre todos los demás eventos algo que no encajaba con las costumbres rabínicas o con los fenómenos rabínicos usuales".[5]

¿Era el discipulado de Jesús un nuevo programa nunca antes conocido? Estoy de acuerdo con Donald A. Hagner, profesor emérito de Nuevo Testamento en *Fuller Theological Seminary*, cuando afirma que sin un estudio meticuloso del entorno judío del primer siglo, sería imposible obtener un entendimiento aceptable del Nuevo Testamento y de Jesús.[6]

Un estudio de la literatura judía y rabínica, por ejemplo, la Septuaginta, los apócrifos, los seudo-epigráficos, la literatura de Qumrán, los escritos de Filón, los evangelios y Josefo, etc., revelan que las relaciones de discipulado eran practicadas

[5] Montefiore, C. G. "Rabínic Literature and Gospel Teachings", Londres, Inglaterra: MacMillian and Company, 1939, p. 218.

[6] Hagner, Donald A. "The Jewish Reclamation of Jesus: An Analysis and Critique of the modern Jewish study of Jesus". Grand Rapids: Academie Books, 1984. pp. 21-22.

por los líderes religiosos judíos antes, durante y después del tiempo de Jesús.[7] Estas relaciones de discipulado son buenos ejemplos que nos ayudarán a entender el modelo de discipulado aplicado a los hispano-hablantes en todo el mundo.

Mauro Pesce, estudioso de la Biblia italiano, dice:

"Que Jesús tenía discípulos es uno de los hechos históricos más seguros de su historia. Igualmente cierto es que la relación maestro-discípulo es una de las piedras angulares del judaísmo rabínico. Por tanto, es claro cómo la investigación de la relación entre el discipulado de Jesús y el rabínico judío puede proporcionar resultados valiosos para la comprensión de algunos aspectos de la formación del Cristianismo en sus relaciones con el Judaísmo".[8]

Mauro Pesce afirma que es importante investigar las relaciones de discipulado que existían en el entorno judío antiguo antes y durante el tiempo de Jesús. Y es importante porque de esta manera podremos entender mejor nuestro estudio y llegar a contestar las preguntas planteadas anteriormente en este libro.

En los capítulos siguientes, descubriremos lo que el discipulado significaba desde un punto de vista meramente judío y su relación con el modelo de discipulado de Jesús.

Preguntas de reflexión

1. ¿Cuál es el significado semántico de la palabra «*mathêtê*» cuando se usa en el Nuevo Testamento?
2. Explique brevemente «*mathêtê*» cuando se usa para referirse a un seguidor religioso.
3. ¿Qué documentos antiguos atestiguan que las relaciones de discipulado eran practicadas por los líderes religiosos judíos antes, durante y después del tiempo de Jesús?
4. En la opinión de Mauro Pesce, ¿Cuál era una de las piedras angulares del judaísmo rabínico?

---

[7] Wilkins, Michael J. "The Concept of Disciple in Matthew's Gospel: As Reflected in the Use of the Term Mathêtê". Nueva York: E.J. Brill. 1988. p. 92. D. Daube, "The New Testament and Rabínic Judaism". 1956, 1973; nueva ed. Salem: Ayer Co. 1984. W. D. Davies, "The Setting of the Sermon of the Mount". 1964; new ed. Cambridge: University Press. 1977. pp. 422-25. B. Gerhardsson, "Memory and Manuscript: Oral Tradition and Written Transmission in Rabínic Judaism and Early Christianity". Traducido por Eric Sharpe. Lund: C. W. K. Gleerup, 1961. pp. 201-2; 324-35.

[8] Pesce, Mauro. "Discepolato Gesuano e Discepolato Rabínico: Problemi e Prospettive della comparazione. Aufstieg und Niedergang der Römischen Welt. II, 25, 1, 1982. pp. 251-2.

CAPÍTULO III

Advertencias respecto al uso de la literatura judía antigua

La investigación de la literatura judía del primer siglo por eruditos judíos y cristianos propone al menos dos importantes advertencias.

1) Que no podemos hablar de "judaísmo" sino de "judaísmos". Wayne Meeks, director de Estudios Religiosos de la Universidad de Yale, afirma: "Solo en años más recientes los eruditos han reconocido el importe completo de la pregunta precisa de qué tipo de judaísmo confrontaron los cristianos descritos en el libro de Mateo y de qué forma lo hicieron".[1] En otras palabras, Meeks nos invita a hacernos la siguiente pregunta: ¿En qué tipo de judaísmo estuvieron inmersos los seguidores de Jesús y de qué manera se enfrentaron a este?

2) La segunda advertencia es que la mayoría de la literatura rabínica fue escrita después del siglo II d.C.,[2] y por ello, debemos ser cuidadosos para no caer en el error de usar esta literatura como si hubiese sido escrita en el primer siglo. Aunque Richard Longenecker, un eminente erudito en estudios del Nuevo Testamento de la Universidad de Toronto (*Wycliffe College*), nos da esperanza al decir:

---

[1] Meeks, Wayne A. "Breaking Away: Three New Testament Pictures of Christianity's Separation from the Jewish Communities", Jeremy Cohen, ed. "Essential Papers on Judaism and Christianity in Conflict: From Late Antiquity to the Reformation", Nueva York: New York University Press. 1991. p. 102.

[2] Garland, David E. "Background Studies and New Testament Interpretation "Capítulo 12 de "New Testament Criticism and Interpretation". Ed. por David A. Black y David S. Dockery. Grand Rapids: Zondervan. 1991. p. 360.

"Un problema grande en el uso de materiales rabínicos para la elucidación de las prácticas del primer siglo es, por supuesto, lo tardío de las codificaciones. Sin embargo, estamos tratando con una mentalidad religiosa que se enorgullecía en la preservación de lo tradicional; y mientras los cambios debidos al desarrollo o a diferentes circunstancias no pueden ser negados, este deseo de preservar lo tradicional —excluyendo otras consideraciones— minimiza la severidad del problema.[3]

Estoy de acuerdo con Longenecker en que los rabinos trataron de preservar sus tradiciones, pero aun así, no todas las tradiciones post-70 (es decir, después del año 70 d.C.) son idénticas al judaísmo pre-70.[4] Consideremos entonces los diferentes tipos de judaísmo.

Diferentes tipos de judaísmo

Aunque es verdad que los diferentes grupos judaicos (esenios, saduceos, fariseos, etc.) compartían una piedad común, esta no es una razón suficiente para presuponer que eran un solo tipo de judaísmo.[5] Jacob Neusner, uno de los eruditos del judaísmo más citados en la historia, está de acuerdo cuando afirma:

"No puedo pensar en una proposición más ampliamente demostrada... en el simple hecho de... que no podemos hablar de "judaísmo" sino solo de un judaísmo. La concepción de que hubo un solo judaísmo ortodoxo no puede sostenerse al basarnos en una lectura descriptiva de la vasta y contradictoria evidencia".[6]

Cada uno de estos grupos judaicos desarrollaba diferentes tipos de sabiduría, diferentes tipos de ideas, y diferentes tipos de teologías. El judaísmo del primer siglo estaba diversificado, al igual que lo está el cristianismo hoy. Algunos son protestantes, otros son evangélicos, otros católicos, pero todos creemos en Cristo. Pesce escribe sobre esta diversidad del judaísmo del primer siglo y declara:

[3] Longenecker, Richard "Biblical Exegesis in the Apostolic Period". Grand Rapids: Eerdmans. 1975. pp. 24-25.

[4] Alexander, Philip S. "Rabinic Judaism and the New Testament", Zeitschrift Für Die Neutestamentliche Wissenchaft. 74 (1983) p. 244.

[5] Sanders, E. P. "Jewish Law from Jesus to the Mishna:Five Studies". Filadelfia: Trinity Press International. 1990. p. 370.

[6] Neusner, Jacob. "The Absoluteness of Christianity and the Uniqueness of Judaism: Why Salvation Is Not of the Jews", Interpretation, Vol 43 (Jan. 1989) p. 27

"Está señalado que entre los fariseos que vivieron antes del 70 a.C. hubo varias tendencias distintas. Existen varios ensayos correspondientes a este período que dan pie a pensar que el judaísmo en los tiempos de Jesús no tenía una ideología uniforme".[7]

El judaísmo del primer siglo era múltiple. El judío tenía varias alternativas de "ideologías sectarias y asociaciones o –como la mayoría de los demás adherentes–, podía permanecer 'no afiliado'".[8]

Anacronismo

Un anacronismo es un error que consiste en suponer un hecho o una cosa correspondiente a una época cuando en realidad corresponde a otra. Por ejemplo, supongamos que hacemos la representación de una obra de teatro correspondiente a los tiempos bíblicos y en ella se hace uso de luz eléctrica; la luz eléctrica en este caso es un anacronismo. Pues bien, el segundo presentimiento a tener en mente cuando estudiamos el judaísmo del primer siglo, es que no todas las tradiciones rabínicas post-70 son idénticas al judaísmo pre-70.[9] No siempre es correcto citar la literatura Judía/Rabínica escrita entre el siglo segundo y el siglo sexto d.C. para ilustrar el judaísmo neotestamentario del primer siglo. Un ejemplo de este anacronismo se encuentra en el Comentario sobre el Nuevo Testamento del *Talmud* y el *Midrash* escrito en Alemán por Hermann Strack y Paul Billerbeck,[10] donde ellos citan al Rabino Eleazar (c. 270 a.C.), Rav Yehudah (fallecido en 299 a.C.), Samuel (fallecido en 254 a.C.) y al Rabino Pinhas bar Hama (c. 360 d.C.), en su exégesis de Mateo 1:1. El problema con esto es que ellos no explican cómo los manuscritos del tercer y cuarto siglo pueden ser relevantes para Mateo 1:1, que sabemos, fue escrito en el primer siglo de la era cristiana.[11]

Por lo tanto, cuando estudiamos el judaísmo del primer siglo debemos reconocer dos verdades importantes. Una, que era múltiple y que existían diferentes subgrupos de judaísmo. Dos, siempre debemos tener en mente que la mayoría de la literatura

---

[7] Pesce, Mauro. "Discepolato Gesuano e Discepolato Rabínico", p. 382. (traducción del editor)

[8] Cohen, Jeremy. Ed "Essential Papers on Judaism and Christianity in Conflict: From Late Antiquity to the Reformation", Nueva York: New York Univ. Press. 1991. p. 5.

[9] Hengel, Martin. "Judaism and Hellenism", p. 252. Philip S. Alexander, "Rabinic Judaism and the New Testament", Zeitschrift Für Die Neutestamentliche Wissenschaft. 74 (1983) p. 244

[10] Strack, Hermann y Billerbeck, Paul. Kommentar zum Neuen Testament aus Talmud und Midrasch. Vol 1 (Munchen: Beck'sche, 1922). p. 1.

[11] Vermes, Geza. "Jewish Literature and New Testament Exegesis: Reflections on Methodology." Journal of Jewish Studies. Vol 33 (1982) p. 363.

rabínica fue escrita después del 200 d.C., por lo tanto debemos ser cuidadosos de no apoyarnos por completo en esta literatura para ilustrar el judaísmo del primer siglo. El siguiente capítulo nos ayudará a comprender la teología del judaísmo del primer siglo.

Preguntas de reflexión

1. ¿Cuáles son las dos advertencias importantes que tanto judíos como cristianos proponen en relación a la investigación de la literatura antigua judía del primer siglo?
2. ¿Cuáles son los distintos grupos de judaísmo que existieron en el primer siglo y cómo pueden ser descritos cada uno de ellos?
3. ¿Qué significa la palabra "anacronismo" y cuál es el peligro que esta encierra en el estudio de la literatura antigua del primer siglo?
4. Mencione un ejemplo de "anacronismo".

CAPÍTULO IV

La teología del judaísmo del primer siglo

Durante mi investigación del judaísmo del primer siglo, descubrí que aunque algunos grupos judíos practicaban el legalismo, su religión era vista, sin embargo, como una religión en donde la gracia y misericordia de Dios eran manifiestas. Partiendo de esto, desde el tiempo de Esdras, (450 a.C.), los judíos dieron un giro para convertirse en el pueblo de la Torá; haciendo a un lado, casi por completo, el tema de la gracia de Dios. ¿Cómo ocurrió esto?

Una Religión de misericordia y gracia

Un punto de vista sostenido por varios eruditos, es que el judaísmo del primer siglo era una religión meramente legalista.[1] Sin embargo, desde el inicio de este siglo, otros eruditos judíos y cristianos han llegado a la conclusión de que "el judaísmo no era y no es una religión donde la aceptación de Dios es ganada a través de

---

[1] Algunos de ellos son: W. Bousset, "Die Religión des Judentums im neutestamentlichen Zeitalter", 1903; revisado por H. Gressmann en 1925. La ultima parte del título fue alterada a "im späthellenistischen Zeitalter"; Fuller, Daniel P. "Gospel and Law: Contrast or Continuum?" Grand Rapids: Eerdmans. 1980. Idem, "Paul and 'the Works of the Law'". WTJ 38 (1975), 28-42; H. Hübner, "Pauli Theologiae Propium", NTS 26 (1979-80) 445-73; T. R. Schreiner, "'Works of Law' in Paul", NovT 33 (1991) 217-44; T.D. McGonigal, "Abraham Believed God": Genesis 15.6 and its Use in the New Testament. Disertación para Ph. D., Seminario Teológico Fuller. 1981

méritos de rectitud, basada en obras".[2] Sanders explica un posible malentendido cuando Pablo critica el legalismo judío con la frase "justificación por las obras de la ley".[3] Dice él, que Pablo usa esta frase no para atacar al judaísmo, sino para decirles a los cristianos gentiles que no era necesario para ellos convertirse en judíos para pertenecer al pueblo de Dios. Los adversarios de Pablo "pensaban que la circuncisión, la observancia del sábado y el seguir el código dietético eran condiciones requeridas para la membresía dentro del pueblo de Dios –no que suficientes buenas obras justificaran la salvación".[4]

C.G. Montefiore[5] va más allá y encuentra en la literatura rabínica prueba de que el judaísmo ha sido siempre una religión basada en la gracia de Dios, y aún él hace a la palabra 'gracia' sinónimo de misericordia cuando dice:

"Tú les guiaste en tu misericordia (aquí se usa la palabra hebrea «hesed», que es traducida como 'bondadoso amor') (Exod. XV, 13). Tú has hecho gracia («hesed») para nosotros, porque nosotros no obramos, como fue dicho, 'Recordaré el gran amor del Señor' (Is. LXIII, 7), y luego, 'Cantaré de las misericordias del Señor por siempre' (Sal. LXXXIX, 1). [En ambos textos el hebreo es «hesed», pero en plural.] Y, desde el principio, el mundo fue edificado solo por gracia «hesed», como fue dicho, 'Declararé que tu amor permanece firme para siempre' (Sal. LXXXIX, 2. A.V. "Yo he dicho, 'Misericordia «hesed», será edificada por siempre"). (Mek.2 Shirata, Beshallah. 9, p. 145; Mek.3, vol. II, p. 69.)[6]

Si el judaísmo siempre ha sido una religión de misericordia, entonces ¿cómo es que llegó a ser vista como una religión legalista? A través de todo el Antiguo Testamento, las doctrinas de la gracia y la misericordia son enseñadas (vea Ex. 15:13; Sal. 51:1; 89:1; Is. 63:7). Pero, justo después del periodo post-exilio el escriba Esdras le da un nuevo giro a la ley. En este nuevo movimiento, la ley recibe el más alto lugar, y la misericordia no es necesariamente rechazada, pero

---

[2] Hagner, Donald A. "Paul and Judaism: The Jewish Matrix of Early Christianity: Issues in the Current Debate." Un Escrito Presentado a la Junta IBR. San Francisco, CA. 1992. p. 1. Otros eruditos en este grupo son, C. G. Montefiore y H. Loewe, "A Rabínic Anthology". Nueva York: Schocken Books. 1974. G. Walter Hansen, "Abraham in Galatians: Epistolary and Rhetorical Contexts". Sheffield: JSOT Press. 1989. E. P. Sanders, "Paul and Palestinian Judaism: A Comparison of Patterns of Religion". Filadelfia: Fortress Press. 1977. Moisés Silva, "La Ley y el Cristianismo: Nueva Síntesis de Dunn", WTJ 53 (1991) 339-53.

[3] E. P. Sanders, "Jesus and Judaism". Filadelfia: Fortress Press. 1985. p. 276.

[4] Ibíd.

[5] C. G. Montefiore and H. Loewe, "A Rabínic Anthology". Nueva York: Schocken. 1974. p. 89.(Énfasis suyo).

[6] Montefiore, C. G. y Loewe, H. "A Rabínic Anthology". Nueva York: Schocken. 1974. p. 89. (Énfasis suyo), traducción de «hesed» por el editor.

probablemente pasada por alto por el nuevo énfasis en la ley.[7] Esto originó que muchos judíos comenzaran a practicar un judaísmo legalista, aunque a un nivel escritural el judaísmo continuaba siendo una religión de gracia,[8] por supuesto, en donde 'gracia' es traducida como un sinónimo de misericordia. El Dr. Donald A. Hagner escribe:

> *"En su mejor teología, el judaísmo es una religión de gracia. Con frecuencia, sin embargo, sus fundamentos de gracia son dados por sentados y es entonces que la ley toma un lugar de prioridad contundente... una religión, cuyo corazón está en la praxis (práctica) más que en la teoría (teología)... de esta manera, inadvertidamente, se producen seguidores que caen a un modo de existencia legalista".[9]*

Existe, sin embargo, otra palabra en hebreo para hablar del tema de la gracia de Dios «*nědabah*». Esta palabra se encuentra en pasajes como Oseas 14:1. En este sentido, existe entonces una diferencia entre «*nědabah*» y «*hesed*». La misericordia de Dios es uno de Sus atributos intrínsecos y eternos. Él hizo notar su misericordia en todo Su trato con la humanidad desde el principio del mundo. Sin embargo, la Biblia dice claramente: "La ley por medio de Moisés fue dada, pero la gracia y la verdad vinieron por Jesucristo" (Juan 1:17). Por ello la gracia que es por medio de Cristo sustituye la ley, pues en el Antiguo Testamento, después de Esdras (450 a.C.), se enfatiza la ley, mientras que en el Nuevo Testamento la vida eterna depende de creer o no en Jesucristo, pues este es un regalo de Dios por medio de Él (gracia). Por ello, aunque el Antiguo Testamento muestra un Dios de gran misericordia, la gracia es vista por el creyente en Cristo de manera distinta: 'misericordia' tiene que ver con perdón, en tanto que 'gracia' tiene que ver con un regalo (el regalo de vida eterna). La gracia de Dios, aunque manifestada fuertemente en el A.T., no tuvo su virtual aplicación hasta el advenimiento de Cristo Jesús.[10]

Finalmente, tenemos que Israel se convirtió en el pueblo de la Torá. ¿Cómo afectó este nuevo énfasis en la ley a su programa de discipulado?

Un pueblo de la Torá

El Profesor Shmuel Safrai (1919-2003), quien fue un profesor emérito de historia del pueblo de Israel en la *Hebrew University*, escribe acerca del rol de la

---

[7] Hagner, "Paul and Judaism..." p. 7.
[8] Ibíd. p.8
[9] Ibid, pp. 7-9 (en cursivas adicciones del editor).
[10] Nota del editor.

Torá en el discipulado judío. Para comprender la relación entre un maestro del primer siglo y su discípulo, él dice:

"Se debe apreciar un número de características fundamentales en la cultura de ese tiempo. Entre estas características, es central el rol de la Torá en la sociedad y en el pensamiento, y la actitud general hacia la educación y el estudio de la Torá." [11]

Estoy completamente de acuerdo con el profesor Safrai en la necesidad de estudiar las características culturales del judaísmo antiguo para comprender mejor su forma de relacionarse en el discipulado.

Dios, a través de Moisés, en Deuteronomio 6:6-8, le dio al pueblo judío leyes importantes sobre el discipulado que prueban que Dios siempre ha deseado que la gente de Su pueblo se convierta en Sus discípulos. Deuteronomio 6:6-8 dice:

"Grábate en el corazón estas palabras que hoy te mando. Incúlcaselas continuamente a tus hijos. Háblales de ellas cuando estés en tu casa y cuando vayas por el camino, cuando te acuestes y cuando te levantes. Átalas a tus manos como un signo; llévalas en tu frente como una marca; escríbelas en los postes de tu casa y en los portones de tus ciudades".

Este pasaje muestra los siguientes términos de discipulado: mandamientos, grabar, hijos, hablar y casa, que aseguran que el discipulado ha sido siempre parte del plan de Dios para Su pueblo. Cualquier programa de discipulado requiere, para cumplir su propósito, un maestro cualificado, estudiantes y la información que debe ser aprendida. En seguida veremos cómo Dios estableció mandamientos para educar a Su pueblo en lo concerniente a Sus propósitos.

Fue solo después de la restauración de Israel, que la Torá se convirtió en el factor dominante en la sociedad judía.[12] El estudio de la Torá se convirtió en un «*mitzvah*» "mandamiento" para todos los judíos. Se convirtió en "la base de la ley religiosa compartida por todos los miembros de la comunidad, al igual que una guía para la vida individual; y las personas la estudiaban detenidamente para descubrir los ideales en los cuales basar su ley colectiva y su conducta".[13] Moisés fue reconocido como el mayor maestro de la Torá, quien estableció el ejemplo a seguir.[14] Los rabís afirmaban estar en línea directa con Moisés. La tradición

---

[11] Safrai, Shmuel. "Master and Disciple", Nov.-Dec. 1990. p. 3.
[12] Rengstorf, Karl H. *"Mathêtê"* TDNT 4:437
[13] Safrai, Shmuel. "Master and Disciple", p. 3.
[14] Rengstorf, Op. Cit.

autoritaria fue aparentemente transmitida de Moisés a Josué, después a los profetas y finalmente a los rabís. Moisés proveyó la Torá escrita o el Pentateuco, y según Eugene B. Borowitz, quien fue un escritor y filósofo sobre religión judía, Moisés también entregó oralmente la Torá, o la ley oral, que contenía enseñanza sustantiva (legal y no legal), al igual que los métodos apropiados para el futuro desarrollo de la tradición de la Torá.[15]

En palabras del rabí Joseph Telushkin, quien es un reconocido escritor judío, el judaísmo reformado explica la ley oral de la siguiente manera: "El Talmud y la Ley Oral era un sistema en evolución, en cuyas sucesivas generaciones de rabinos se discutía y se debatía cómo incorporar la Torá en sus vidas".[16] También, el mismo Telushkin, escribe: "Los diferentes puntos de vista del Judaísmo Ortodoxo y Conservador tanto en la antigüedad y la naturaleza obligatoria de la Ley Oral son uno de los mayores, quizás el mayor, asunto que les separa".[17]

Enseñar la Torá a los niños ha sido siempre muy importante para los judíos a través de la historia. Sin embargo, no fue sino hasta después del sitio de Jerusalén (en el año 70 d.C.) que surgieron las "casas de estudio" en hebreo, «*batei midrash*» y luego, al paso el tiempo, se hicieron estas muy populares. Cada una de estas escuelas estaba representada por un respetado sabio, y podían ser encontradas por igual en una estructura física permanente o, algunas veces, en escuelas transitorias.[18]

El término "*beth midrash*" o "casa de estudio" (también 'casa de instrucción') aparece en fragmentos escritos en hebreo del siglo II a.C., esto es, en el trabajo de Ben Sira que se conoce como *Libro del Eclesiástico* (51:23).[19] Aquí encontraremos un contexto para uno de los prototipos de las casas de estudio judías, y también de los maestros, estudiantes y, en general, de las características de discipulado que existían entre los judíos antes del tiempo de Jesús. El enfoque de estudio en estas «*batei midrash*» (plural de "*beth midrash*") ha sido siempre la Torá, la Ley de Dios. Robert M. Seltzer, profesor de historia en *Hunter College* en la ciudad de Nueva York escribe:

[15] Borowitz, Eugene B. "Judaism: An Overview", The Encyclopedia of Religion. ed. en Chief Mircea Eliade. Nueva York: MacMillan Publishing Co. 1987. p. 129.

[16] Telushkin, Joseph. "Jewish Literacy: The Most Important Things to Know about the Jewish Religion, Its People, and Its History". Nueva York: William Morrow and Company, Inc. 1991. p. 150.

[17] Telushkin, Joseph. "Jewish Literacy: The Most Important Things to Know about the Jewish Religion, Its People, and Its History". Nueva York: William Morrow and Company, Inc. 1991.

[18] Safrai, "Master and Disciple", pp. 3-4. El nos dice también que "cuando el sabio moría, sus estudiantes buscaban un nuevo mentor, algunas veces un discípulos prominente del difunto sabio que podía continuar la tradición del Maestro (Talmud Jerusalen, Kiddushin 63a)."

[19] Ibíd.

"Una mayoría de los judíos continuaron encontrando en la Torá, no en Cristo, la presencia viviente entre ellos del amor divino y la mente divina. Es en la Torá que se encuentra la esperanza de salvación, esto si hacen su mejor esfuerzo para vivir de acuerdo a los mandamientos de Dios y si mantienen una expiación efectiva de pecados a través de las buenas obras... Los rabís judíos y las familias judías han usado el sistema Mosaico como la base para su instrucción moral, religiosa, y ética en sus casas, escuelas y sinagogas".[20]

Debido a que Jesús creció como un muchacho judío normal aprendiendo la Torá bajo el sistema Mosaico de moral y ética de Su tiempo, investigar profundamente la terminología de discipulado empleada durante Sus días nos será muy útil para entender el trasfondo del programa de Su discipulado.

Preguntas de reflexión

1. ¿Era el judaísmo una religión totalmente legalista? ¿Qué fue lo que hizo que cambiara su enfoque?
2. ¿Cuál es el rol de la Torá para un discípulo judío?
3. ¿Cuándo fue que la Torá se convirtió en un factor dominante en la sociedad judía?
4. ¿Cuál es el significado del término «*beth midrash*» y cuál es su historia?

---

[20] Seltzer, Robert M. "Jewish People, Jewish Thought: The Jewish Experience in History". Nueva York: Macmillan Publishing Co. 1980. p. 239-241.

CAPÍTULO V

Terminología de discipulado en la literatura judía antigua

El nombre principal usado para denotar a un seguidor religioso en el griego clásico y helenístico era *«mathêtô»*[1]. Este término no era usado exclusivamente en términos religiosos, también era entendido secularmente como "pupilo" o "aprendiz".[2] El termino encontrado en alguna de la literatura judía antigua (p. ej. Septuaginta, apócrifos, seudo-epigráficos, literatura de Qumrán, Filón, los Evangelios, Josefo y la literatura Rabínica) para describir un discipulo era *«talmidh»*. Wilkins nos dice que "para los tiempos talmúdicos *«talmidh»* se convirtió en un término especializado y técnico que denotaba a un estudiante de la Torá estudiando bajo un maestro o rabí".[3] El *«chakam talmidh»* era un estudiante avanzado, considerado como igual a su rabí y era capaz de dar un decreto dentro de la ley judía, pero aún no era un rabí calificado.[4] T. W. Manson (1893-1958), quien fue profesor de griego y exégesis del Nuevo Testamento en *Mansfield College,* Oxford, y moderador de la *General Assembly, of the Presbyterian Church of England,*

---

[1] Wilkins, Michael. "The Concept of Disciple in Matthew's Gospel: As reflected in the Use of the Term *«mathêtô»*". New York: E.J. Brill. 1988. p. 93.

[2] Bauer, Walter. "The Greek-English Lexicon of the New Testament and other Early Christian Literature". Segunda Edicion revisada y aumentada por F. W. Gingrich y Frederick Danker. Chicago y Londres: The University of Chicago Press. 1957, 1979. p. 485. Mauro Pesce, "Discepolato Gesuano e Discepolato Rabínico", Aufstieg und Niedergang der Römischen Welt II, 25, 1, 1982. p. 359, n. 34.

[3] Wilkins, Op. Cit. p. 93.

[4] M. Aberbach, "The Relations Between Master and Disciple in the Talmudic Age", Ensayos Presentados al Rabí Jefe Israel Brodie en ocasión de su setenta cumpleaños, ed H. J. Zimmels, J. Rabínowitz, and I. Finestein; Jews' College Series, No. 3 (Londres: Soncino, 1967), I, p. 11.

propone que Jesús usó el sustantivo arameo *«shewalya'»*, que significa "aprendiz" o "siervo", para con Sus discípulos, en vez de la palabra hebrea *«talmidh»*.[5]

De acuerdo a T. W. Manson, el discipulado de Jesús no era principalmente una escuela de estudio de la Torá, sino más bien una "actividad pragmática expandiendo el reino de Dios al viajar proclamando su presencia".[6]

T. W. Manson establece que:

> *"...Jesús era su Maestro no como un profesor de la doctrina correcta, sino más bien como un maestro artesano a quien ellos debían seguir e imitar. Ser discípulo de Jesús no era tener una matrícula en un colegio rabínico, sino ser aprendiz en el trabajo del reino".*[7]

John James Vincent y Michael J. Wilkins encuentran un problema en el argumento de Manson "principalmente porque no está comprobado el uso de *«shewalya'»* en el arameo palestino".[8] *Shewalya'* aparece después de *Jamnia* (el concilio hipotético cuando el canon hebreo del A.T. fue formalmente establecido en el Siglo I, d.C.). Es ahí cuando *«shewalya'»* se convierte en la designación de los estudiantes rabínicos.[9] De ahí surge otra pregunta: ¿cuál es la terminología del discipulado usado en la Septuaginta, los apócrifos y los seudo-epigráficos?

En la Septuaginta, los apócrifos, y los seudo-epigráficos

La tradición aceptada de la Septuaginta (c. 250-150 a.C.), los apócrifos (c. 250-50 a.C.), y los seudo-epigráficos (c. 200 a.C.-150 d.C.) no mencionan los términos de discipulado *mathêtê, talmîdh,* o *shewalya'*.[10] Se encuentra una excepción en 1 Crónicas 25:8 de la Septuaginta donde aparece un *talmîdh* musical.

Aunque los apócrifos no mencionan *mathêtê, talmîdh,* o *shewalya'*, hay muchos otros términos de la terminología de discipulado en sus escritos. Como

---

[5] Manson, T. W. "The Teachings of Jesus: Studies of its Form and Content". 2nd ed. Cambridge: Cambridge University Press, 1935. pp. 239-240.

[6] Ibíd.

[7] Ibíd. p. 240.

[8] Vincent, John James. "Disciple and Lord: The Historical and Theological Significance of Discipleship in the Synoptic Gospel". Dissertation zur Erlangung der Dokorwuerde der Theologischen Fakultaet der Universitaet Basel (1960; Sheffield: Academy, 1976), p. 31.

[9] Wilkins, "The Concept of Disciple in Matthew's Gospel", p. 111.

[10] Para mayor información ver, Ibíd., pp. 95-97. *«mathêtê»* se encuentra en lecturas alternas de Jer. 13:21; 20:11 y 26:9, pero son tan débilmente atestiguadas que los eruditos creen que surgieron con el cristianismo.

«*grammateuvs*» [escriba] en 1 Esdras 2:17, 25, 30; 8:3; Eclesiástico 10:5; 38:24; 1 Macabeos 5:42; 7:12; 2 Macabeos 6:18, «*didavskw*» [Instruir, enseñar] en Eclesiástico 9:1; 22:7; 4 Macabeos 5:24; 18:10, «*manthano*» [aprender] en Baruc 3:14; Eclesiástico 8:8, 9, y «*bêth midrash*» [casa de estudio] en Eclesiástico 51:33. Los términos «*tevknon*» (niño) y «*doulos*» (esclavo) eran usados en los apócrifos para describir a un discípulo.[11]

En la literatura de Qumrán

La literatura de Qumrán (los rollos del Mar Muerto), data de 150 a.C. - 70 d.C. De ello, se ha llamado 1QH a un rollo de oraciones e himnos descubierto en la cueva número uno, y 4QpNah a un comentario de Nahum descubierto en la cueva número cuatro. Aunque no se mencionan en estos escritos los términos «*talmîdh*» o «*shewalya*'», sí podemos encontrar palabras relativas al discipulado tales como «*talmidw*» "tú has enseñado" en 1QH 2, 17, y «*talmud*» (enseñanza) en 4QpNah, probando que el discipulado estaba presente en su comunidad. La comunidad de Qumrán (*Heb. Moreh Zedek*) fue fundada por el Maestro de Rectitud, probablemente en el siglo II a.C. quien fue enviado por Dios para guiar esta comunidad a descubrir el verdadero significado de la Torá y a obedecer a Dios (cf. 1QS 8:10-16; 1:1-2). Todos los miembros de Qumrán se consideraban a sí mismos el verdadero pueblo de Dios, como verdaderos estudiantes de *Yêhovah*, siguiendo las interpretaciones del Maestro de Rectitud.[12]

En los escritos de Filón

Los escritos de Filón "el judío" de Alejandría,[13] (25 d.C. - 50 d.C.), son muy importantes para nosotros debido a que fue un judío del primer siglo contemporáneo de Jesús y porque el usa «*mathêtê*» de varias formas. Filón emplea «*mathêtê*» de cuatro diferentes maneras.

1) Primero, lo usa para aludir a un "aprendiz", (*Leyes Especiales* II, 227:4).

2) Segundo, él usa «*mathêtê*» para referirse a un aprendiz avanzado que enseña a las masas, pero sigue bajo "el perfecto", (*El Peor Ataca al Mejor*, 66:1).

---

[11] Ibíd. p. 96.

[12] Schilling, "Othmar. Amt und Nachfolge im Alten Testament und in Qumrán", Volk Gottes: zum Kirchenverständnis der Katholischen, Evangelischen, und Anglikanischen Theologie. Festgabe für Josef Höfer. Eds. Remigius Bäumer and Heimo Dolch. Freiberg: Herder. 1967. p. 211.

[13] Whitaker, G. H. and Colson, F. H. "Philo", 11 vols. LCL. Cambridge, Mass. Harvard. 1929.

3) Tercero, Filón lo usa para describir a una persona perfecta, alguien que es enseñado por Dios mismo (*Sacrificios* 79:10).

4) Cuarto, lo utiliza para describir a un "discípulo directo de Dios". Estos discípulos directos de Dios enseñan a los estudiantes avanzados y son enseñados por Dios mismo.[14]

Por lo tanto, en los escritos de Filón un «*mathêtê*» podía ser un aprendiz, una persona superior a las multitudes, un estudiante de las Escrituras, o un discípulo directo de Dios.

En Josefo

Los escritos de Josefo, (37-110 d.C.), son también muy importantes en nuestra búsqueda de una mejor comprensión de cómo funcionaba el discipulado judaico antiguo. Es esencial que investiguemos estos escritos porque pertenecen al mismo tiempo de la era de la iglesia primitiva, y comparten el mismo entorno judío de los evangelios. Por lo tanto, el uso de Josefo de «*mathêtê*» seguramente aumentará nuestro conocimiento del uso de esta palabra en el judaísmo antiguo y cómo era usada fuera de los escritos del Nuevo Testamento. Josefo empleó este término en quince ocasiones a través de sus escritos.[15] Josefo, al igual que Filón, usó «*mathêtê*» de forma variada.

1) Primero, el uso básico de Josefo para este término se encuentra en *Antigüedades* 1:200; 17:334, para referirse a un discípulo que aprende de un líder y lo imita.[16]

2) Segundo, él lo utiliza para ilustrar una relación maestro-discípulo íntima y perpetua. Como ejemplos, él menciona a Josué como discípulo de Moisés (Ant. 6:84); Eliseo como discípulo de Elías (Ant. 8:354; 9:28, 33); y Baruc como discípulo de Jeremías (Ant. 10:158, 178). Es interesante que Josefo, contrario a Rengstorf, encuentra relaciones maestro-discípulo en el Antiguo Testamento. Rengstorf está en desacuerdo con Josefo implicando que Josefo era influenciado por el modelo

---

[14] Wilkins, "The Concept of Disciple in Matthew's Gospel", p. 102.

[15] Antigüedades Judías 1:200; 6:84; 8:354l 9:28, 33, 68, 106; 10:158, 178; 13:289; 15:3; 17:334; Contra Apio 1:14, 176; 2:295. Cf. Karl Henrich Rengstorf, ed., "A Complete Concordance to Flavius Josephus", Vol. III L-P (Leiden: E. J. Brill, 1979), p. 50. El texto griego y la traducción en inglés son de Josefo, con una traducción al inglés por H. St. J. Thackeray y Ralph Marcus, 9 vols., LCL (Cambridge, Mass.: Harvard University Press, 1926).

[16] Ver, "The Works of Flavius Josephus", trans. por William Whiston, 4 vols. (n.d.; rpt.; Grand Rapids: Baker, 1974), II, p. 93.

griego de discipulado.[17] Es posible que Josefo haya sido influenciado por los griegos, pero después veremos algunos ejemplos de la relación maestro-discípulo en el Nuevo Testamento que reforzarán el argumento de Josefo.

3) Un tercer uso del término «*mathêtê*» por Josefo se encuentra en *Contra Apio* 1:14, 176; 2:295. Aquí él describe a un «*mathêtê*» como el estudiante intelectual que es separado de su maestro por tiempo y distancia. Por ejemplo, él alude a Clearco, un filósofo escritor del siglo IV a.C., como discípulo de Aristóteles, aunque estaba separado de Aristóteles por tiempo y distancia.

4) Cuarto, Josefo menciona a un «*mathêtê*» como miembro de una organización o escuela, o como seguidor de una filosofía de cierta escuela. En Ant. 13:171-173 Josefo menciona que John Hyrcanus era un discípulo de los fariseos, aunque Hyrcanus no era de hecho un fariseo sino solo un seguidor de sus enseñanzas.

¿Cómo afectan estos variados usos de la palabra «*mathêtê*» a Jesús en Su programa de discipulado? Josefo describe «*mathêtê*» de cuatro formas distintas: como aprendiz, como un estudiante en la relación maestro/discípulo, como estudiante de una filosofía intelectual, y como miembro y seguidor de una escuela de enseñanza.

Martin Hengel (1926-2009), el historiador alemán de religión, afirma que el discipulado llevado a cabo por los grupos judíos del tiempo de Josefo tomó prestado mucho de las escuelas filosóficas griegas. Él dice que "el «*didavskalos*» (gr. maestro) corresponde a «*bar*» (heb. hijo) y «*talmid*» (heb. estudiante) corresponde a «*mathêtê*»(gr. discípulo)".[18]

Los escritos del judaísmo del primer siglo confirman la presencia de diferentes métodos de discipulado. Esto me ayuda a ver dos cosas: 1) Los rabís empleaban una variada terminología de discipulado durante el judaísmo antiguo, y 2) Que Jesús no era el único, ni el primer maestro que iniciara un programa de discipulado.

¿Qué tipo de discipulado practicaban los rabinos del primer siglo? Contestaré estas preguntas investigando el Nuevo Testamento y la literatura rabínica.

Preguntas de reflexión

1. ¿Cuáles son las palabras griegas que se mencionan en la Septuaginta, los Apócrifos, y los Seudo-epigráficos en relación al discipulado?

---

[17] Rengstorf, "*mathêtê*" pp. 439-40.
[18] Hengel, Martin. "Judaism and Hellenism: Studies in their Encounter in Palestine during the Early Hellenism Period". vol. I. Traducido por John Bowden. WUNT 10. 2d. ed. Filadelfia: Fortress, 1974. p. 81.

2. ¿Quién era llamado el "Maestro de Rectitud" y en qué documento antiguo este aparece?
3. ¿Cuáles son las cuatro maneras en que Filón emplea «*mathêtê*» en sus escritos?
4. ¿Cómo administra Josefo la palabra «*mathêtê*»?

CAPÍTULO VI

Relaciones del discipulado en el judaísmo del primer siglo

Cuando inspecciono los escritos del primer siglo, descubro que en los tiempos de Jesús existían diversas relaciones maestro/estudiante.

1. En el Nuevo Testamento

a) Tres ejemplos en el libro de los Hechos

Judas el Galileo, quien vivió en el primer siglo y resistió al censo romano del año 6 d.C., era un líder político-religioso que tenía muchos discípulos en el judaísmo del primer siglo. Él fue el fundador del movimiento de los zelotes.[1] Lucas lo menciona, (Hechos 5:36-37). Además encontramos dos figuras más en el libro de los Hechos: "el egipcio" (Hechos 21:37) y Teudas (Hechos 5:56), estos fueron líderes del primer siglo que tuvieron un buen número de seguidores:

*"Algún tiempo atrás Teudas apareció, afirmaba ser alguien, y **un grupo de cerca de cien hombres se le unieron**. Pero él fue asesinado y todos sus seguidores fueron dispersados, y todo se convirtió en nada. Después de él, Judas el Galileo apareció en los días del censo y **guio a una banda de gente** a una revuelta. Él también fue asesinado y sus seguidores dispersados... ¿No eres tú el egipcio que inició una revuelta y **guio a cuatrocientos terroristas** hacia el desierto hace ya algún tiempo?" (Hechos 5:36-37; 21:37).*

---

[1] Hengel, Martin. "The Charismatic Leader and His Followers", Nueva York: Crossroad. 1981. p. 21. Ver también, Josefo, Bell 2.117-119, 433; 7.253; Ant 18.2-10, 23-25; 20.102.

El pasaje anterior muestra tres antiguos líderes religiosos que tenían un gran número de seguidores.[2] Judas el Galileo y sus seguidores eran conocidos revolucionarios.[3] Josefo menciona que el ejército romano persiguió a Teudas matando a muchos de sus discípulos y decapitándolo a él.[4] Cuando los romanos atacaron al egipcio y sus seguidores, cuatrocientos de sus discípulos fueron asesinados, doscientos fueron llevados cautivos, y "el egipcio" escapó terminando así su movimiento.[5]

b) Los discípulos de Moisés

El objetivo del judaísmo del primer siglo era convertir a todos los judíos en discípulos de Moisés y de la Torá.[6] El evangelio de Juan (9:28), menciona un grupo de judíos que se llamaban a sí mismos «*Mōÿsēs mathētē*» ('discípulos de Moisés'), y al responder enojados a la pregunta del hombre ciego, exclaman: «*sy ei ekeinos mathētē*» ('tú eres su discípulo', refiriéndose a Jesús).

Juan 9:18 (ver los versículos subsecuentes), demuestra que en el judaísmo del primer siglo existían diferentes grupos de discípulos. Algunos seguidores se llamaban a sí mismos "discípulos de Moisés", mientras que otros se alineaban con otros grupos de discípulos con diferentes tipos de enseñanzas, filosofías y maestros, como veremos más adelante. Los líderes latinos necesitamos entender que nuestros estudiantes deben primero ser discípulos íntimos de Jesús.

c) Los discípulos de los Fariseos

Un tercer tipo de discipulado judío del primer siglo era practicado por los fariseos.[7] Mt. 22:15-16; Mr. 2:18. Josefo (en *Antigüedades* 13.289) mencionan la frase "... el cual profesaba ser de los fariseos", confirmando que los fariseos tenían

---

[2] Hengel, "The Charismatic Leader and His Followers", p. 21. Hengel escribe: "A este respecto, encontramos la idea de "seguir a" o de "liderar" que ocurre de manera casi estereotipada..."

[3] Josefo, "De Bello Judaico", II, 118, 433.

[4] Josefo, "Antiquitates Judaicae", XX. 98f.

[5] Ibíd. p. 171.

[6] Schürer, Emil. "The History of the Jewish People in the Age of Jesus Christ (175 B.C.-A.D. 135)" Una Nueva Versión en Ingles, rev. y ed. Geza Vermes, Fergus Millar, y Matthew Black, 3 vols., rev. ed. Edinburgh: T. & T. Clark, 1979. 1:332.

[7] No hay consenso general sobre quiénes eran los fariseos. Josefo (Antig. 13.9) les llamaba escuela filosófica. La mayoría de los eruditos les llama secta religiosa, p. ej. Alan F. Segal, "Rebecca's Children: Judaism and Christianity in the Roman World". Cambridge: Harvard Univ. Press, 1986. Otros eruditos concluyen que eran un grupo de interés político, p. ej. Anthony J. Saldarini, "Pharisees, Scribes and Sadducees in Palestinian Society: A Sociological Approach". Wilmington, Del.: Michael Glazier, 1988. ch. 12; Horsley, "Sociology and the Jesus Movement", 73. Y a través del estudio sobre los fariseos que es dado por Paul D. Hanson, "The People Called: The Growth of Community in the Bible". San Francisco: Harper & Row. 1986. pp. 349-357.

su propio grupo de discípulos. El celo de los fariseos y su motivo de existencia era el cumplimiento de la Torá y el establecimiento de "un movimiento de rectitud".[8] Hagner añade: "fue este interés por la rectitud lo que condujo a los fariseos con tanta pasión a su legalismo".[9] Los estudiantes de los fariseos eran instruidos con gran devoción en la rectitud y en el cumplimiento de la Torá.[10]

d) Los líderes de tipo profético

El cuarto grupo que potencializaba una relación maestro/estudiante durante el tiempo de Jesús era aquel dirigido por un líder de tipo profético. Algunos de ellos son mencionados por Josefo en *Guerras* 2.259 y *Antigüedades* 20.97-98. Estos líderes de tipo profético eran conocidos por predicar la inminente llegada del juicio de Dios y por preparar a sus discípulos para este juicio.

Hengel da un ejemplo de esto cuando dice:

"No solo los pupilos de los rabís que seguían a sus maestros estaban relacionados con la idea de 'seguir a', sino también los adherentes a los profetas apocalípticos o los partidarios de los líderes de bandas populares de zelotes del tipo Judas Galileo o sus hijos, o el de Eleazar ben Dinai, de quien después la tradición rabínica dijo que deseaba 'traer la venida del fin a la fuerza.'" [11]

Líderes como Eleazar ben Dinai incluso guiaban a sus discípulos hacia actividades revolucionarias en contra del imperio romano.[12]

e) Los discípulos de Juan el Bautista

Un poderoso líder religioso del primer siglo, cuyos discípulos son mencionados constantemente en los evangelios y en Hechos (vea Mt. 9:14; 11:2-3; 14:12; Mr. 2:18; 6:29; Lc. 5:33; 7:18-19; 11:1; Hch. 18:24-25; y 19:1-3), fue Juan el Bautista. El discipulado de Juan se caracterizaba por su enseñanza de arrepentimiento, de la cercanía del reino de Dios y acerca del Mesías. Juan el Bautista (Mt. 9:14; Jn. 3:25), a diferencia de los rabís, no enfatizó en "búsquedas intelectuales y escriturales,

---

[8] Hagner, Donald A. "Pharisees", ZPEB, 4:752.

[9] Ibíd.

[10] Ibíd.

[11] Hengel, "The Charismatic Leader", p. 23.

[12] Horsley, Richard A. y Hanson, John S. "Bandits, Prophets, and Messiahs: Popular Movements in the Time of Jesus". Minneapolis: Winston, 1985. ch. 4.

sino en la rectitud y piedad hacia Dios".[13] Müller establece que Juan y sus discípulos representaban un movimiento carismático y no una institución religiosa.[14]

No encuentro un paralelo más cercano al programa de discipulado de Jesús que el movimiento de Juan, aunque no eran lo mismo.[15]

Hemos visto cinco diferentes grupos de discipulado judaico del primer siglo mencionados en el Nuevo Testamento. Los métodos de discipulado practicados por los rabís son otro área esencial de estudio en nuestra búsqueda de una mejor y más completa comprensión del movimiento de Jesús y de presentar un paradigma de discipulado.

2. En el judaísmo rabínico

a) El inicio del judaísmo rabínico

Aparentemente el movimiento rabínico viene del fariseísmo, "como una respuesta a la necesidad de un nuevo partido dirigente para el gobierno de Israel bajo la ocupación, después de las desastrosas dos guerras fallidas de independencia en el 66 y el 132 d.C.".[16]

La principal escuela rabínica después del 70 d.C. estaba localizada en Jamnia (antigua Palestina). Esta era una escuela rabínica fuertemente influenciada por el fariseísmo. Los rabís se consideraban a sí mismos como la línea directa de transmisión entre Moisés y la *Mishná*, que es el documento rabínico datado más temprano, escrito alrededor del 200 d.C.

John Bowker, el teólogo anglicano inglés, está en desacuerdo con el argumento de Alan F. Segal, el erudito en religiones antiguas norteamericano, en cuanto a que los fariseos se convirtieron en la secta líder del judaísmo cuando el movimiento rabínico tuvo su origen.[17] Sin embargo, existe un fuerte parecido entre los fariseos y el movimiento rabínico, especialmente en su énfasis en la Torá.

---

[13] Wilkins, Michael J. "Bandits, Prophets, and Messiahs: Popular Movements in the Time of Jesus". Grand Rapids, MICH.: Zondervan Publishing House. 1992. p. 88.

[14] Müller, Dietrich. "*Mathêtê*" NIDNTT 1:488.

[15] Bornkamm, Günther. "Jesus of Nazareth", Londres: Hodder and Stoughton. 1960. p. 145.

[16] Segal, Alan F. "Rebecca's Children: Judaism and Christianity in the Roman World", Cambridge, Massachusetts: Harvard University Press. 1986. 117.

[17] Ibíd. p. 117. En contra de este punto de vista encontramos a John Bowker quien niega cualquier conexión entre los rabís y los fariseos; ver su "Jesus and the Pharisees". Cambridge: University Press. 1973. pp. 1ss.

b) Fundación del discipulado rabínico

La fundación del discipulado rabínico se encuentra en el Antiguo Testamento. El ejemplo prototípico es el de Elías y Eliseo en 1 Reyes 19:19-21.[18] La tradición rabínica tiene a Eliseo como el «*talmîd*» (discípulo) de Elías, y a Moisés como su maestro.[19]

Los rabís usaban la expresión del Antiguo Testamento "hijos" o "discípulos" de los profetas para apoyar sus propias relaciones maestro-pupilo. Estos términos se encuentran en 2 Reyes 2.3, 5, 15; 4:1, 38; 5:22; 6.1; 9.1; Amós 7.14; y en Isaías 8.16. Los "hijos de los profetas" se encuentran principalmente en 2 Reyes. E.J. Young propone que eran "asistentes" de Elías y Eliseo "en dar a conocer la voluntad de Dios".[20] Él implica que el término "hijo" es prueba de la existencia de una muy fuerte relación de discipulado entre Eliseo y sus discípulos.[21]

El término "discípulos de los profetas" se encuentra en Isaías 8:16. Notablemente, la literatura rabínica, los *Libros Sapiensales* (Libros de Sabiduría), y el *Tárgum* (Biblia hebrea en arameo) presentan la relación maestro-discípulo "espiritualmente como el lazo padre-hijo".[22] Karl H. Rengstorf, mencionado anteriormente, está de acuerdo en que lo más probable es que los «*heb. Limmuwd*» de Is. 8.16 sean los discípulos de Isaías, pero no llega a llamarlos un compañerismo de discípulos.[23] El les llama "la nueva comunidad reunida alrededor del profeta".[24]

Estoy en desacuerdo con Rengstorf cuando argumenta que "la relación Maestro-Discípulo está ausente en el Antiguo Testamento porque Israel estaba comprometido solo con Dios y no con el hombre, sin importar cuán profunda fuera la visión que este tuviese en los misterios de Dios. En la esfera de revelación no hay lugar para el establecimiento de una relación maestro-discípulo, ni existe la posibilidad de establecer una palabra humana a la par con la Palabra de Dios que es proclamada, ni un esfuerzo para asegurar la fuerza del trato divino basándolo en la autoridad de una gran personalidad".[25]

---

[18] Hengel, Martin. "The Charismatic Leader and His Followers", p. 17. Hengel escribe, "...Elías y Eliseo son usados frecuentemente entre los rabís para ejemplificar la relación profesor-pupilo." Ver también, el "Seder Eliyahu rabbah ed. Friedmann passim", cf. p. ej. c.5, p.23; c.17, p.86s. o "Seder Eliyahu zuta" c.2, p.173. Ber 7b Bar en el nombre de R. Simeon b. Johai (2 Kings 3.11), MekEx 13.19 (Lauterbach 1.177).

[19] Ibíd. n. 4. (Énfasis suyo).

[20] Young, E. J. "My Servants the Prophets" (Grand Rapids: Eerdmans, 1955), p. 94.

[21] Ibíd. p. 93.

[22] Hengel, "The Charismatic Leader", p. 18.

[23] Rengstorf, "*mathêtê*" p. 430.

[24] Ibíd.

[25] Ibíd. p. 431

Rengstorf da por hecho que una relación humana maestro-discípulo de alguna manera estorbaría al discipulado Yêhovah-Israel. Los profetas y los grandes hombres de Dios en el Antiguo Testamento, como Abraham, Moisés, David, y muchos otros, estaban comprometidos ellos mismos a una relación de discipulado cercana entre Dios e Israel.

Estoy de acuerdo con aquellos como Avery Dulles, Edward J. Young, y Michael J. Wilkins que afirman que existe una fuerte posibilidad de que los discípulos de Isa. 8:16 eran tanto, discípulos de Yêhovah primero, y discípulos de Isaías después.[26] Young escribe:

"No obstante, ellos [los Limmuwd de Dios] fueron enseñados por él, a través de la instrucción de la ley y los profetas, y particularmente a través de la enseñanza de Isaías. En este derivado o sentido secundario, entonces, ellos pueden también ser denominados los discípulos de Isaías. En sus corazones él sellaría la enseñanza a través de una fiel proclamación y explicación de esta enseñanza".[27]

Por lo tanto, es posible para los discípulos de Isaías ser primero discípulos de Yêhovah, y en segundo lugar, discípulos de Isaías. De hecho, la literatura rabínica enseñaba a sus discípulos a honrar a su maestro casi al mismo nivel que honraban a Dios. Rabí Akiba (Akiva ben Yosef) interpretó Deuteronomio 10:20, "Teme al Señor tu Dios y sírvele", como incluyendo a los maestros.[28] Y su discípulo, R. Eleazar ben Shammua, creía que "el temor (en este caso reverencia) a tu maestro debe ser como el temor al Cielo".[29]

Así que, el discipulado en el mundo rabínico y judío antiguo tenía ambos aspectos de discipulado: primero a Dios y, en segundo lugar, a los rabís.

Los rabís ejercitaban los pasajes del Antiguo Testamento arriba mencionados como modelos de discipulado para implementar sus propias relaciones maestro/estudiante. ¿Cuáles fueron las características del discipulado rabínico del primer siglo?

---

[26] Young, Edward J. "The Book of Isaiah", 1965; 2d. ed. Grand Rapids: Eerdmans, 1972. p. 314. Michael J. Wilkins, "The Concept of Disciple in Matthew's Gospel." p. 48. Avery Dulles, "Discipleship", The Encyclopedia of Religion. vol 4. ed. en jefe Mircea Eliade. NuevaYork: MacMillan Publishing Co. 1987.

[27] Young, Edward J. "Isaiah", I. p. 314.

[28] Cf. Pes 22b; Kid. 57a. ed. por Isadore Epstein. Londres: Soncino Press. Frecuentemente reimprimido.

[29] M. Ab. IV, 12. Traducido por Herbert Danby, Londres: Oxford University Press. 1933; Frecuentemente reimprimido.

c) La relación maestro-discípulo en el judaísmo rabínico

El judaísmo antiguo enfatizaba once atributos importantes del discipulado:

Primero, como mencioné antes, el requisito primario en el judaísmo antiguo para todos los judíos, –ricos y pobres por igual–, era estudiar la Torá. La Torá era aceptada como la ley de Dios más que como la sabiduría de Moisés.[30] Sin embargo, en términos de discipulado humano, el rabino tenía gran importancia en su sociedad, porque era considerado como el experto en la Torá y mediador entre la Torá y el pueblo.[31] Algunos rabinos tenían cientos de estudiantes como seguidores, como *Sotah 49b* menciona que Gamaliel II (100-130 d.C.) en un tiempo tuvo mil *talmîdhîm*.

Segundo, el maestro de literatura rabínica era enfatizado, ocasionalmente, como de mayor importancia que el padre biológico del estudiante.[32]

Los rabís usaban los ejemplos de Josué y Eliseo para inculcar la superioridad del rabino por encima del padre biológico. Una *Midrash* (enseñanza-comentario de la Biblia hebrea) tardía afirma que Josué se convirtió en el líder de Israel, parcialmente porque él había servido a Moisés.[33] De la misma manera, Eliseo demostró gran respeto hacia Elías cuando besó a su padre despidiéndose de él para seguirle hasta el fin.[34] La *Mishná* (del heb. 'estudio' o 'repetición') argumenta que "su padre lo trajo a este mundo, pero su maestro, quien le enseñó la sabiduría, le lleva al mundo venidero".[35]

Tercero, la reverencia debida al maestro era tan alta que R. Simeón b. Yohai usó 2 Reyes 3:11: "Aquí cerca está Eliseo hijo de Safat, el que servía a Elías", para enseñar que el servir a los maestros era más importante que el aprendizaje.

Esta costumbre de servir a los maestros era conocida como *Shimmush Talmidei Hakamim* (Cf. Berakhot 7b). Los estudiantes judíos eran enseñados que "incluso si uno ha estudiado la Biblia y la *Mishná*, y ha fallado en su servicio a

---

[30] El Mishna Abot 1:12 dice, "Sed de los discípulos de Aarón, amando la paz, y buscando la paz, amando a la humanidad, y acercándoles a la Torá." Traducido por Herbert Danby. 1933. Ver también, Avery Dulles, "Discipleship", The Encyclopedia of Religion. 4. ed. en jefe Mircea Eliada. Nueva York: MacMillan Publishing Co. 1987. p. 361.

[31] Pesce, Mauro "Discepolato Gesuano e Discepolato Rabínico", p. 381.

[32] Aberbach, M. "Las Relaciones Entre Maestro y Discípulo en la Era Talmúdica", p. 1. Ver también, Mishná B. M. II, 11; T. Tor. II, 5; Tos. B. M. II, 30. Aberbach expresa, "En efecto, en términos del respeto y honor debido a ellos... Era deber del discípulos regresar un artículo perdido primero a su maestro y solo después a su padre; para ayudar primero a su Maestro y después a su padre, si ambos estaban llevando una carga." p. 1.

[33] Cf. Num. r. 21.14

[34] Aberbach, M. "The Relations Between Master and Disciple in the Talmudic Age" p. 2.

[35] Mishna, B.M. II, 11. Trad. por Herbert Danby. Londres: Oxford University Press. 1933.

los eruditos, es considerado un 'Am ha-Arez".[36] Este término significa 'gente de la tierra' o 'un judío maleducado.' Servir al maestro en todo, le permitía a los estudiantes aprender mucho más del profundo espíritu del judaísmo que el estudio convencional en la *Yeshibah* o *Beth Hamidrash*. Debido a que los rabís enseñaban tanto por ejemplos como por preceptos, *Shimmush Talmidei Hakamim* constituía un medio indispensable para obtener estándares morales y éticos más altos.[37]

Cuarto, un fuerte deseo de estudiar la Torá era el requisito principal que los estudiantes potenciales de los rabís necesitaban cumplir para ser aceptados como discípulos.

Quinto, los rabís casi nunca buscaban, o llamaban, a sus discípulos a seguirles, como era costumbre de Jesús.

Una razón podría ser que el énfasis principal del discipulado judío era la maestría de la Torá, no el seguir a un rabí.[38] Los estudiantes usualmente eran quienes pedían a los rabís permiso para convertirse en sus discípulos (Ab., 1:6; *Shabbath* 30b-31a).[39]

En *Vida de Apolonio* 1:19 de Filóstrato de Atenas (160/170–249 a.C.), encontramos un ejemplo de cómo Damis, uno de sus discípulos principales, vino a Apolonio y le pidió: "Apartémonos, Apolonio, tú siguiendo a Dios, y yo a ti...; porque creo que tú encontrarás que puedo servirte...".

La sexta característica importante de la relación judía Maestro-Discípulo era la decisión del discípulo de seguir a su maestro sin vacilación.[40]

Era una práctica de la ley judía en la *Yeshibah* (escuela del Talmud) seguir a sus maestros incluso al exilio, de ser necesario.[41] Algunos estudiantes siguieron a sus maestros incluso a la muerte. Josefo detalla cómo dos maestros fariseos, en 4 a.C., incitaron a sus discípulos a remover el águila dorada que Herodes había puesto sobre la puerta del Templo; los maestros y cerca de cuarenta de sus discípulos fueron quemados vivos juntos por desobedecer las órdenes de Herodes.[42]

---

[36] Cf. Ber. 47b; b. Sot. 22a. Traducción ed. por Isadore Epstein. Londres: Soncino Press. Frecuentemente reimprimido.

[37] Aberbach, M. "The Relations Between Master and Disciple in the Talmudic Age", p. 5. (Énfasis suyo.)

[38] Hengel, "The Charismatic Leader", p. 51.

[39] Robbins, Vernon K. "Jesus the Teacher: A Socio-Rhetorical Interpretation of Mark". Filadelfia: Fortress Press. 1984. p. 101, 104. Robbins cita el Shabbath 30b-31a de la traducción en inglés de H. Freedman en el Talmud Babilónico, el seguimiento, "en otra ocasión sucedió que cierto pagano vino ante Shammai y le dijo, 'Hazme un prosélito, con la condición de que me enseñes la Torá mientras permanezco parado en un solo pie.' Por eso le rechazó con el codo de constructor que tenía en la mano. (Cuando) fue ante Hillel, él le convirtió..." p. 104.

[40] Cf., p. ej. Ber. 23a; 23b; 24a; 44a; Shab 12b; 108b; 112a; Hag. II, I, 77a.

[41] Cf. Makkot 10a. Del Talmud Jerusalén, ed. Krotoschin, 1866.

[42] Josefo, Ant, XVII, 6, 2-4 (149-167); Bell. I, 33, 2-4 (648-55).

Séptimo, los estudiantes respetaban tanto a sus maestros, que para saludarles debían usar el título "Rabí", de otra manera podrían causar que la presencia de Dios se apartara de Israel, y según R. Eliezer ben Jacob, merecían morir si le faltaban el respeto a sus rabís.[43]

Los estudiantes no podían ni implicar algún grado de igualdad con sus maestros. Los discípulos eran instruidos a escuchar las enseñanzas de sus maestros con "una actitud de reverencia y temor... y ninguna despreocupación frívola era permitida, a menos que el maestro mismo decidiera lo contrario."[44] Los estudiantes eran animados a hacer preguntas sobre cualquier tema que no comprendieran. "Una persona vergonzosa no puede aprender" (m. Ab. 11:5), enseñaban los rabís. Por otro lado, "aquel que se humilla a sí mismo por las palabras de la Torá eventualmente será exaltado, pero aquel que se alaba a sí mismo tendrá que poner su mano en su boca" (Ber. 63b).

Octavo, a los discípulos no se les permitía transmitir decisiones legales o religiosas. Su castigo podía ser, de acuerdo a la Torá, ser mordidos por una serpiente, ser llamados pecadores, perder la grandeza que tuvieran, o ser condenados a "ir al Seol sin hijos" (Cf. Eruvin 63a).

A los estudiantes no se les permitía hablar en la presencia de una persona más grande o sabia que ellos.[45] Esta regla de etiqueta afectaba también a los rabís plenamente calificados, quienes no podían tomar decisiones conforme a la ley mientras su maestro viviera o en un radio de doce millas romanas de la casa de este.[46]

Moisés Aberbach, explica esto:

"Legalmente, sin embargo, incluso a un discípulo calificado que había llegado a ser un intelectual igual a su maestro —obteniendo así el estatus de un talmidh chakham (del heb. 'discípulo de la sabiduría')— se le permitía decidir cuestiones legales-religiosas no solo hasta después de la muerte de su maestro, sino incluso durante la vida de este, e incluso en áreas bajo la jurisdicción del mismo".[47]

Solo a los *Talmid Haber*, los "estudiantes avanzados", se les permitía caminar al lado de su maestro. Caminar directamente detrás del maestro era considerado irrespetuoso y arrogante.[48] Cuando dos estudiantes debían andar juntos con

---

[43] Cf. Kallah r. ch. II.

[44] Aberbach, "The Relations...", p. 8.

[45] Cf. Der. Er. Z. ch. II.

[46] Cf. Sanh. 5b; Lev. r. XX, 6. ed. Margulies II, 459.

[47] Aberbach, , "The Relations...", p. 11.

[48] Yoma 37a. Del Talmud Babilónico. ed. por Isadore Epstein. Londres: Soncino Press. Frecuentemente reimpreso.

su maestro, el estudiante excepcional debía caminar a su derecha, "mientras el menos importante debía estar al lado izquierdo del maestro".[49]

Noveno, a pesar de la formalidad arriba mencionada en la relación judía maestro/estudiante, la mayoría de ellos tenían un fuerte amor filial el uno por el otro, que "transcendía la relación padre-hijo".[50] Encontramos un ejemplo de esta relación en Cant. r. VIII, 7, donde se reporta que R. Johanan vendió su propiedad para tener los medios económicos para continuar educando a su discípulo R. Hiyya ber Abba. En el discipulado rabínico, era usual que los maestros proveyeran educación gratuita, alojamiento y alimentos a sus discípulos.[51]

Yoma 28b expresa la décima característica del discipulado rabínico. La meta del estudiante era llegar a ser como su maestro y proclamar las enseñanzas de él.[52] Era muy importante citar y nombrar al maestro con precisión siempre que un dicho de este era usado (Meg. 15a; Hull. 104b[53]). Era asunto de inmortalizar el nombre de su maestro.

Aberbach establece que, las citas precisas y el nombrar a los maestros era reconocido como actos de piedad hacia los maestros, cuya mayor ambición era que sus palabras fueran citadas en sinagogas y casas de estudio.[54]

Finalmente, el *Sanedrín* 68a menciona que la muerte de un maestro era un infortunio grave para sus discípulos. Después de la muerte de un maestro, algunos de sus discípulos eran incapaces de resolver problemas relativos a la ley. Otros harían luto por él de manera tan radical que golpearían su carne hasta sangrar.

Hemos revisado el impresionante mundo de la relación maestro-estudiante en el judaísmo antiguo. Los rabís eran altamente respetados, casi al mismo nivel del respeto debido a Dios. Los estudiantes dejaban todo detrás por un periodo de tiempo para ir a vivir con sus maestros. Era la responsabilidad de los maestros, generalmente, proveer instrucción gratuita a sus discípulos. Servir a los maestros en casi todo era una parte esencial del programa de discipulado. Una vez que un estudiante era aceptado por un rabí, ambos iniciarían una fuerte relación filial, que muchas veces era más fuerte que la relación padre-hijo.

¿Hasta dónde siguió Jesús el método rabínico? ¿Tomó prestada alguna idea de sus programas de discipulado? ¿O se apartó por completo del judaísmo e introdujo un modelo de discipulado completamente nuevo? Contestaré estas preguntas comparando ambos métodos de discipulado.

---

[49] Aberbach, "The Relations..." p. 15.
[50] Ibíd. p. 24.
[51] Er. 73a; Pes. 51a-b.
[52] Eugene B. Borowitz, "Judaism: An Overview", p. 131. Aquí él da una lista temática de las enseñanzas morales, éticas y teológicas de los rabís del primer siglo.
[53] Meg. = M'gillah (Talmud); Hull = Hullin (Talmud).
[54] Aberbach, "The Relations Between Master and Disciple" p. 19.

Preguntas de reflexión

1. Mencione tres ejemplos de la relación maestro/discípulo mencionadas en el libro de los Hechos.
2. ¿Cuáles son los principales tipos de discipulado que aparecen en el Nuevo Testamento?
3. ¿Cómo se inicia el discipulado rabínico?
4. ¿Cuáles son los once atributos más importantes de la relación entre maestro/discípulo en el discipulado rabínico?

CAPÍTULO VII

Comparación entre el discipulado cristiano y el rabínico

Aquí compararé el paradigma de discipulado de Jesús con el de los rabís. ¿Qué tan similar o diferente era el método de Jesús en comparación con el modelo rabínico de discipulado?

Jesús, un hombre culturalmente judío

De acuerdo a Wilhelm Bousset, el teólogo alemán estudioso del Nuevo Testamento, "Jesús era tan diferente y tan incomparable al judaísmo que es difícil creer que Él era un judío".[1] ¿Era el programa de Jesús y sus discípulos tan único y distinto del judaísmo? Los eruditos no están de acuerdo en cuanto a la naturaleza judía del ministerio de Jesús.

Claude Joseph Montefiore, el fundador en el siglo XX del Judaísmo Anglo-Liberal en Inglaterra, nos dice que el programa de Jesús era diferente de las costumbres judías. Él escribe:

"Un discipulado como el que Jesús demandaba e inspiraba (no para el estudio sino para el servicio —ayudar al Maestro en su misión, llevar a cabo sus instrucciones, etc.) era aparentemente algo nuevo; y en todo caso, algo que no encajaba, o no encuadraba con las

---

[1] Bousset, W. "Die Religion des Judentums im späthellenistichen Zeitalter". Ed. H. Gressmann, HNT 21, Tübingen. 1926. Reimpreso en 1966. pp. 67-69.

costumbres rabínicas o en los fenómenos rabínicos.[2] *Estoy en desacuerdo con Montefiore y Bousset cuando dicen que Jesús era muy distinto y superior al judaísmo.*[3]

Al otro lado del espectro de Bousset y Montefiore, Anselm Schulz afirma que los intentos de Jesús eran bastante ajenos a las prácticas judías.[4] Él argumenta que si deseamos entender correctamente la agenda de Jesús, debemos hacerlo a través de una analogía con la relación judía maestro-discípulo.[5] Schulz afirma, "Jesús contrasta su actividad como Mesías con la forma concreta de un maestro contemporáneo de la ley".[6]

Los evangelios de Mateo y Lucas reclaman el nacimiento judío de Jesús en sus narrativas, (Mt. 1-2; Lc. 1-2). Mateo 2:16-23 describe cómo Jesús nació en Belén en el reinado de Herodes. Lucas 2:21-23 detalla que fue circuncidado de acuerdo a las costumbres judías y que "...José y María le llevaron a Jerusalén a presentarlo ante el Señor, como estaba escrito en la Ley de Dios: 'Todo primogénito varón debe ser consagrado al Señor...'". "Como niño judío, Jesús recibió la educación de un niño judío en la Torá, se hizo *bar mitzvah* a la edad de trece, y —como tenemos toda razón para creer— pasó a la fe adulta practicando por completo su religión tanto de palabra como de hecho, al igual que en su asistencia regular a la sinagoga".[7]

Leonhard Goppelt, quien fue profesor de Nuevo Testamento en Hamburgo y Múnich (Alemania), afirma que si una persona estudia objetiva e históricamente los evangelios, no puede negar "el hecho de que Jesús era, hasta su fin, étnicamente un miembro del pueblo judío... él también pensaba y hablaba religiosamente con sus términos y conceptos".[8]

Jesús, como un judío completo, experimentaba las diferencias étnicas de Su tiempo. En la parábola del Buen Samaritano (Lucas 10:25-37), y en el encuentro con la mujer samaritana (Juan 4:1-26), Jesús entiende bien la función de los dilemas étnicos.

---

[2] Montefiore, C. G. "Rabínic Literature and Gospel Teachings" Londres: MacMillan. 1930. p. 218.

[3] Bousset, "Die Religion des Judentums im späthellenistischen Zeitalter"

[4] Schulz, Anselm. "Nachfolgen und Nachahmen: Studien über das Verhältnis der neutestamentlichen Jüngerschaft zur urchristlichen Vorbildethik". SANT 6. Munich: Kösel-Verlag, 1962. p. 33. Contra el argumento de Schulz ver a, Martin Hengel, quien presenta a Jesús como una figura carismática, en *El Líder Carismático y Sus Seguidores*. Nueva York: Crossroad Publ. Co. 1981. pp. 1-2.

[5] Ibíd.

[6] Ibíd. p. 127.

[7] Hagner, "The Jewish Reclamation of Jesus". p. 21.

[8] Goppelt, Leonhard. "The Theology of the New Testament: The Ministry of Jesus in its Theological Significance". Vol. 1. Traducido por John Alsup, Grand Rapids: Wm. B. Eerdmans Publ. Co. 1981. Reimprimido en 1983. Traducido de "Theologie des Neuen Testaments". p. 23.

El autor mencionado arriba revisó las diferencias entre el método rabínico de discipulado y el de Jesús. ¿Hay alguna similitud entre ambos paradigmas de discipulado?

Similitudes en ambos sistemas

La primera similitud entre Jesús y los rabís era que el ministerio de Jesús de alguna manera se asemejaba al de un escriba judío. Continuamente era reconocido como un Rabí «*rhabbi*», (Juan 1:38; 3:2) y como un Maestro «*didaskalos*» (Mt. 8:19; 22:16; Mr. 12:14; Lc. 20:21). Estos términos entran en la demarcación de los líderes del judaísmo del primer siglo.[9] Mateo 5:1 y Lucas 5:3 refieren que Jesús se sentaba y enseñaba –y este era un estilo pedagógico representativo de los maestros judíos contemporáneos.[10] Como un *didaskalos* judío, "él deliberadamente tomaba su lugar en medio de la comunidad judía, dentro de su historia y conciencia de Dios".[11]

La segunda correspondencia entre Jesús y los rabís judíos era que Él también se equipó a sí mismo con un número de «*mathêtê*» (Mt. 5:1; 10:1; Mr. 3:13; 6:7; Lc. 9:1; 6:13, etc.). Estos seguidores vivían y aprenderían de Él como era la costumbre de los rabís judíos. Así como Jesús tomaba tiempo para ser mentor de Sus discípulos, los líderes cristianos deben hacer lo mismo con sus seguidores.

Otra afinidad entre Jesús y los rabís judíos era el estilo de enseñanza que tenía Jesús. Este estilo, similar al judaico, se presentaba en forma de "una conversación que usaba la técnica de didáctica o diálogo de controversia, así como dichos y parábolas fáciles de recordar. Incluso el contenido de Su discurso estaba estructurado de manera reconocida como "didáctica". En Israel esta designación significaba exponer el camino y la voluntad de Dios desde la perspectiva de las Escrituras.[12]

La cuarta similitud era que los discípulos de Jesús le servían y era costumbre judía que los estudiantes sirvieran a sus maestros. Esta costumbre era conocida como *Shimmush Talmidei Hakamim* (Cf. *Berakhot* 7b).

La norma era que "toda forma de servicio que un esclavo debía rendir a su dueño, el pupilo debía rendir a su maestro –excepto el de quitarle el calzado".[13] Esta frase me trae a la memoria Juan 13:5, donde Jesús no solo les quitó el calzado a Sus discípulos, sino que también les lavó los pies. Jesús demostró el importante valor del servicio. El discipulado de Jesús está anclado en el servicio de los unos a los otros (Marcos 10:42-45).

---

[9] Jefford, C. N. "Teach" ISBE. Vol. 4. Gen. Ed. Geoffrey W. Bromiley. Grand Rapids: Wm. B. Eerdmans Publ. House. 1988. p. 745.

[10] Ibíd.

[11] Goppelt, "Theology of the New Testament", Vol 1, p. 23.

[12] Ibíd. p. 24.

[13] El Talmud Soncino, Kethuboth 96a, p. 611, n. 5.

La quinta analogía entre Jesús y los rabís era que Jesús, como maestro, era responsable del comportamiento de Sus estudiantes. Los evangelistas narran tres ocasiones cuando Jesús fue culpado por la conducta de Sus estudiantes.

En Marcos 2:18 y en los pasajes paralelos, se le pregunta a Jesús, "¿Cómo es que los discípulos de Juan el Bautista y los discípulos de los fariseos ayunan, pero los tuyos no?" En Mateo 12:1-2 y pasajes paralelos, los fariseos se quejan a Jesús porque Sus discípulos arrancaban espigas en el *Sabbath*. Y en Marcos 7:1-23 –y pasajes paralelos– Jesús, una vez más, es reprendido por los fariseos debido a la conducta de Sus discípulos de comer sin lavarse las manos.

Estos tres ejemplos muestran cómo los rabís eran culpados por las acciones de sus estudiantes, y Jesús, como maestro judío, no era la excepción.

Las cinco semejanzas citadas entre el sistema de Jesús y el de los rabís afirman que Jesús no se divorció del entorno y las costumbres judías. Jesús nació judío, fue criado como judío, creció asistiendo a las sinagogas judías, vino a cumplir la Ley, y estableció Su ministerio como un escriba y profeta judío.[14] Si Jesús era judío y se estableció dentro del judaísmo,[15] entonces ¿por qué fue perseguido? Hagner responde a esta pregunta:

"Pese a la continuidad entre Jesús y su herencia judía, es claro que lo que Jesús trae a su nación se convierte en fuente de una discontinuidad que crece aún más dolorosa en la narrativa de los evangelios y se amplifica a proporciones catastróficas en la historia de la iglesia primitiva".[16]

Por lo tanto, Jesús era indudablemente judío, y "de ninguna manera se declaró como fundador de una nueva religión".[17] Sin embargo, Su paradigma presentaba algunas diferencias llamativas cuando se compara al judaísmo rabínico.

Rasgos principales del discipulado de Jesús

Jesús estableció un método único de discipulado, sus características son las siguientes. La meta principal en el discipulado judío/rabínico era que sus estudiantes aprendieran la Torá y perpetuar su conocimiento. De hecho, los estudiantes seguían a los rabís que tenían un mayor conocimiento de la Torá. *T.*

---

[14] La tradición de los sinópticos provee algunos ejemplos donde Jesús es reconocido como un tipo de profeta judío del Antiguo Testamento (Mr. 6:14-16 par. Lc. 9:7-9; Mr. 8:28 y par.)

[15] Goppelt, "Theology of the New Testament", Vol 1, p. 23.

[16] Hagner, "The Jewish Reclamation of Jesus", p. 22.

[17] Op. Cit.

Jeb. 8:4 menciona que Akiba renunció al matrimonio y a tener descendencia para poder estudiar la Torá.[18] El elemento más importante en el discipulado de Jesús no era el estudio de la Torá, sino Él mismo. A través de los cuatro evangelios, Jesús se destacó a sí mismo. Siempre llamó a Sus aspirantes a discípulos a seguirlo *a Él*, no a su conocimiento (Mr. 2:14 y paralelos). Pesce escribe:

> *"La autoridad con la que Jesús llama a sus discípulos a seguirlo, afirmando que su persona tiene un valor superior a cualquier ética tradicional estándar e incluso a la Torá, supone de parte de Jesús una conciencia sin precedentes en cuanto a su dignidad, fundada en la certeza de una relación muy especial con Dios. Ningún maestro rabínico, para el cual la Torá era objeto de culto y transmisión, se atrevería a anteponer su autoridad a ella".[19]*

Jesús proclamó la expresión divina del Antiguo Testamento, «*egô eimi*» (Jn. 8:58), queriendo decir que Él era "Emanuel", "Dios con nosotros".[20] La vida eterna dependía de si el discípulo le seguía o no (Mr. 10:17-22; Lc. 9:57-62). Su persona y Sus palabras irradiaban poderosas impresiones en las personas, tanto, que causaban que ellos se convirtieran en Sus discípulos (Lc. 14:25).

Cuando Él empleó la formula «*egô legô hymin*» ['Yo os digo'] en cada una de las seis antítesis del Sermón del Monte, (Mt. 5:21-48), Él se estaba presentando a sí mismo "como el cumplimiento de la intención original de la Torá".[21] Los rabís enfatizaban la Torá, pero Jesús se destacó a sí mismo (Mr. 10:17, 21; Jn. 8:12, etc.). El discipulado latino haría gran daño al enfatizar a alguien o algo antes que a la persona de Jesús. En Él hay vida. Sin embargo, algunas veces "se mostró reacio a usar títulos mesiánicos... porque temía los malos entendidos populares (compárese con Jn. 6:15)".[22]

La promesa en cada modelo de discipulado

El segundo rasgo importante en el discipulado de Jesús se refiere a la promesa que hizo a Sus discípulos potenciales. Que los estudiantes llegaran a ser como

---

[18] Rengstorf, K. H. «*mathêtô*» p. 447.

[19] Pesce, "Discepolato Gesuano e Discepolato Rabínico", p. 355.

[20] Para un estudio más profundo ver, G. Braumann, "I Am", NIDNTT, ed. Colin Brown, vol. 2. Grand Rapids, MICH.: Zondervan Publishing House. 1976, 1986. p. 279.

[21] Ibíd.

[22] Para más información sobre el "Messianic Secret" ver O. A. Piper, "Messiah", La Enciclopedia Bíblica Internacional Estándar. Geoffrey W. Bromiley, Gen. Ed. Vol. 3: Grand Rapids: William B. Eerdmans Publishing Company. 1986. Reimpresa en 1988. p. 334. Leonhard Goppelt, "Theology of the New Testament: The Ministry of Jesus in its Theological Significance", Vol. 1. pp. 172-177.

sus maestros era un énfasis del discipulado rabínico. El doctor en teología de la Escuela Noruega de Teología Hans Kvalbein (1942-2013) escribe: "Era un gran honor convertirse en rabí, y la posición como discípulo de un famoso rabí daba la posibilidad de convertirse en un famoso rabí también".[23]

Jesús nunca prometió a Sus seguidores que algún día serían rabís. Él nunca prometió a Sus discípulos un lugar de honor en la sociedad como el que otorgaba el discipulado rabínico. Aunque mencionó en Mateo 20:20-28 honor a aquellos dispuestos a beber Su copa y a aquellos que adoptaran una actitud de servicio. Por el contrario, Jesús siempre recordaba a Sus aspirantes a discípulos el costo de seguirle (Mt. 8:19-22; 16:21-28; Mr. 8:34-38; Lc. 9:22-27, 57-62),[24] e invitaba a Sus discípulos a estar dispuestos a compartir Su sufrimiento terrenal.

Por otro lado, Él habló en contra de convertirse en rabí y dijo en Mateo 23:8-10: "Pero vosotros no queráis que os llamen Rabí; porque uno es vuestro Maestro, el Cristo, y vosotros sois hermanos".

En el discipulado de Jesús, Él siempre será el maestro y Sus discípulos siempre permanecerán como Sus discípulos. Él nunca prometió a Sus discípulos un lugar de honor en esta vida. Solo prometió estar con ellos siempre (Mt. 28:20).

El llamamiento en cada modelo de discipulado

Otra diferencia entre ambos tipos de discipulado tiene que ver con el llamamiento de los seguidores. Como vimos antes, en el discipulado rabínico y judío los estudiantes pedían permiso a los rabís para ser sus discípulos (Ab. 1:6; *Shabbath* 30b-31a); Jesús, a diferencia de los rabís, es quien escoge y llama a Sus discípulos (Mr. 1:16-17, y paralelos). Él dijo en Juan 15:16: "No me escogieron ustedes a mí, sino que yo los escogí a ustedes". La iniciativa de Jesús y el llamamiento de Sus seguidores es un reflejo del llamado que recibían los profetas del Antiguo Testamento.[25]

León Morris (1914-2006), el erudito en estudios del Nuevo Testamento australiano, afirma: "...el modelo rabínico es insuficiente para explicar el

---

[23] Kvalbein, Hans. "Go therefore and make disciples...The concept of discipleship in the New Testament", Themelios, 13 (Jan.-Feb. 1988), p. 49.

[24] Hengel, "The Charismatic Leader and His Followers". p. 54. El dice que Jesús "y sus discípulos muy probablemente vivían de la fuerte de las donaciones (Lc. 8:3), y él rechazó el hacer provisión para el futuro. Consecuentemente 'seguirle' tenía principalmente el muy concreto sentido de seguir su paso itinerante y compartir con él su incierto y realmente peligroso destino."

[25] Weder, Hans. " Disciple, Discipleship", Trad. por Dennis Martin. vol. 2. *The Anchor Bible Dictionary*. ed. en jefe David Noel Freedman. Nueva York: Doubleday. 1992. p. 209.

llamamiento de Jesús al discipulado. Esto desde el principio lleva la implicación de que Jesús es Señor, no simplemente un maestro como lo eran los rabís".[26] No todos los que recibían Su llamamiento dejaban todo para seguirle. Incluso algunos aspirantes a discípulo rechazaron Su llamamiento (Lc. 18:18-30, y paralelos). Aun así, a diferencia de los rabís, Él siempre tomaba la iniciativa de escoger y llamar a Sus discípulos a dejar sus actividades y seguirle (Mateo 4:19; 9:9; Marcos 2:14, etc.).

Morris añade otro factor importante del llamamiento de Jesús, pues escribe: "...cuando las personas pedían que se les permitiera seguirle, evidentemente como discípulos, Él les rechazaba (Mt. 8:19-22; Lc. 9:57-62). Era Jesús, no el discípulo potencial, quien determinaba la relación".[27]

Duración de los estudios

La diferencia final que me gustaría mencionar es que el discipulado en el judaísmo antiguo era transitorio. Se trataba de un periodo para estudiar la Torá bajo la dirección de un rabí hasta que el pupilo llegara a ser como él. Sin embargo, el programa de Jesús es de por vida, e incluso, por la eternidad (Jn. 14:1-3).

Al comparar el método rabínico de discipulado con el paradigma de Jesús observo grandes diferencias. Los rabís enfatizaban la Torá, mientras que Jesús acentuaba Su persona divina (Lc. 22:67-70).

El sistema judío prometía honor en la sociedad, en tanto que Jesús advirtió acerca de tiempos peligrosos para Sus seguidores (Mt. 5:11-12; Lc. 14:25-33).

Los rabís casi nunca buscaban estudiantes, Jesús en cambio, siempre escogió y llamó a Sus propios discípulos a seguirle a Él (Mc.1:17).

La última diferencia que encuentro tiene que ver con el límite de tiempo de cada programa. En el mundo judío/rabínico antiguo, el discipulado normalmente duraba hasta que el estudiante se convertía en rabí, mientras que el discípulo de Jesús pretendía serlo para siempre (Jn. 14:1-3).

Preguntas de reflexión

1. ¿Cómo puede probarse que Jesús era y es un judío?
2. ¿Cuáles son las principales similitudes que pueden observarse entre el discipulado rabínico y el de Jesús?

---

[26] Morris, Leon. "Disciples of Jesus: Jesus of Nazareth Lord and Christ", p.116.
[27] Ibíd.

3. ¿Cuáles son los principales rasgos del discipulado de Jesús mencionados en este capítulo?

4. Haga un comparativo en relación a la promesa, llamamiento y duración de los estudios de ambos sistemas, el discipulado de Jesús y el rabínico.

CAPÍTULO VIII

Un estudio exegético y sociológico de Lucas 14:25-33

En este capítulo daré una exégesis de Lucas 14:25-33. Este maravilloso pasaje presenta las demandas radicales del discipulado de Jesús, las que Él daba a las multitudes que le seguían; veamos.

Una exégesis de Lucas 14:25-33

Lucas 14:25-33 muestra a Jesús en Su camino a Jerusalén donde habría de morir en la cruz. Él es seguido por una gran multitud, pero de pronto, se voltea hacia ellos y les presenta tres condiciones radicales que la multitud debe aceptar si desean convertirse en Sus discípulos.

Primero, Jesús afirma que para poder ser Sus seguidores no pueden amar a ninguna persona más de lo que le aman a Él.

Segundo, el discípulo potencial debe estar dispuesto a sufrir lo que sea, incluso la muerte, para poder seguirle.

Tercero, los discípulos deben renunciar a todos los bienes materiales para poder ser Sus seguidores.

Lucas 14:25-33 es la unidad final que pertenece al pasaje de 13:10-14:35. Es un paralelo con Mateo 10:37-38, aunque Lucas posiciona este pasaje en un entorno diferente al de Mateo. Lucas pone esta porción en un pasaje de un viaje a Jerusalén. Lucas agrega dos parábolas breves en 14:28-32 que no se encuentran en ningún otro lugar,[1] para clarificar y enfatizar la importancia de hacer una decisión consciente de convertirse en discípulos de Jesús.

El tema de cargar la cruz y seguir a Jesús encontrado en 14:27 permite a Lucas unir este pasaje con 13:31-35. Jesús conecta Su decisión de morir en 13:31-35 como un posible requerimiento que debe cumplir todo seguidor potencial. La composición de Lucas 14:33 se basa, en cuanto a forma, en los versículos 26-27 y en cuanto a contenido en 12:33; 18:22".[2]

El pre-contexto inmediato al pasaje central de este capítulo es una parábola encontrada en Lucas 14:15-24. Aquí Dios hace una invitación a muchos a venir y cenar con Él. Tristemente, encontramos a los invitados excusándose debido a sus actividades sociales y económicas. Para estas personas, sus actividades especiales eran más importantes que asistir al banquete de Dios.

Lucas entonces escribe nuestro pasaje (Lucas 14:25-33), donde Jesús clara y firmemente declara los requisitos para ser Sus discípulos.[3] En palabras de Jesús no hay lugar para excusas sociales, culturales o económicas. La multitud fue confrontada con demandas del discipulado cristiano.

En los escritos de Lucas la salvación es sinónimo del discipulado. La salvación en el evangelio de Lucas significa tener fe (7:50), entrar al reino de Dios (18:24), recibir vida eterna (18:30), comer pan en el reino de Dios (14:15), ser reconocido ante los ángeles de Dios (12:8), y ahora –en este pasaje– convertirse en discípulos de Jesús.[4]

Estoy de acuerdo con James L. Resseguie, el distinguido profesor emérito de Nuevo Testamento del Seminario Teológico de Winebrenner, Ohio, cuando argumenta que Lucas 14:1-33 debe ser tratado como una narrativa completa, una narrativa en la que puntos ideológicos en conflicto son yuxtapuestos [puestos uno frente al otro] y contrastados. Un punto es 'orientado a la exaltación,' [búsqueda de reconocimiento por otros], [y] el otro está 'orientado a la humillación,' [evadir la autopromoción de la primera perspectiva].[5]

En la primera mitad de Lucas 14, Jesús confronta a los fariseos y escribas, quienes representan al grupo élite [que busca exaltación], sanando un hombre sufriente en el *Sabbath* y contándoles la parábola del banquete.

En la última parte de Lucas 14, Jesús se dirige a la multitud de seguidores potenciales, y les presenta las demandas radicales del discipulado.

---

[1] Nolland, John. "Word Biblical Commentary: Luke 9:21-18:34", Vol. 35b, Dallas, Texas. Word Books Publisher, 1993. P. 761.

[2] Ibíd.

[3] Fitzmyer, Joseph A. "The Anchor Bible: The Gospel According to Luke", Garden City, Nueva York, Doubleday & Company, 1985. p. 1060.

[4] Ibíd.

[5] James L. Resseguie, "Point of View in the Central Section of Luke", JETS, 25, 1982, p. 46.

El post-contexto inmediato de Lucas 14:25-33 se encuentra en Lucas 14:34-15:1-32. Lucas 15 continúa el tema en relación a "que el reino incluirá personas inesperadas o ignoradas que personifican el punto de vista orientado a la humillación"[6] visto en Lucas 14.

En Lucas 14:25 las palabras importantes son: «*symporeuomai polys ochlos autos*» "grandes multitudes iban con él". Esto ocurre en el viaje a Jerusalén que inició en 9:51. Luego dice el pasaje: «*kai strephô*» "y él se volvió", un participio aoristo [verbo en griego antiguo] pasivo, [que] demuestra un importante movimiento de Jesús.[7] Él sabía que esta multitud aún no había entendido Su programa radical de discipulado, por ello Él se volteó, la encaró, y les enfrentó con Sus demandas radicales.

Por el uso de «*polys ochlos*» "grandes multitudes" Lucas enfatiza que el llamamiento de Jesús al discipulado radical no está limitado al círculo íntimo de discípulos, sino también a la multitud.

Lucas compuso los versos 26-27 de diferentes fuentes, principalmente usando su fuente marquiana "que era [sería] una colección de dichos aislados de Jesús, que había sido reunida por Marcos, o antes de él".[8] Lucas 14:26-27 es un paralelo con Mateo 10:37-38. El pasaje de Lucas parece más cercano al Jesús histórico que la versión de Mateo por las dos siguientes razones:

Primero, en el pasaje de Lucas se encuentra una "sola oración rítmica (si alguno no... no puede ser mi discípulo), mientras que en el verso de Mateo se presentan dos oraciones con construcción de participio ('el que...')".[9]

Segundo, el Jesús descrito por Lucas es mucho más radical aquí que en el pasaje de Mateo, haciendo así a Lucas 14:26 más cercano al Jesús histórico.[10] John Nolland, el teólogo australiano de Bristol (*Trinity College*), añade que Lucas 14:27 "recibió modificación substancial por el bien del paralelismo".[11]

Lucas 14:26 presenta la frase introductoria y condicional de Jesús: "Si alguno viene a mí y no..." a Su mensaje de discipulado. Jesús no forzó a nadie a ser Su discípulo sino que la multitud decidiría seguirle o no por elección propia. Jesús dice: "si alguno..." queriendo decir que se trataba de su propia elección. Al usar Jesús el pronombre personal "mi" agrega una alta cristología a este pasaje. Bruce

---

[6] Richard L. Rohrbaugh, "The Pre-Industrial City in Luke-Acts: Urban Social Relations", Capítulo 5 de "The Social World of Luke-Acts: Models for Interpretation", ed. por Jerome H. Neyrey, Peabody, Massachusetts, Hendricksen Publishers, 1991. p. 138.

[7] Thomas Robertson, Archibald. "Word Pictures in the New Testament: The Gospel According to Luke", Vol. II, New York and London, Harper & Brothers Publishers. 1930. p. 200.

[8] Nolland, John. "Word Biblical Commentary", p. 476.

[9] C. F. Evans, "TPI New Testament Commentaries", Filadelfia, Trinity Press International. 1990. p. 577

[10] Ibíd.

[11] Nolland, p. 761.

J. Malina y Jerome H. Neyrey, ambos norteamericanos y eruditos del Nuevo Testamento escriben: "Ni siquiera la persona viva más querida, madre, padre, esposa o hijos puede tomar el lugar de Jesús en la vida del discípulo".[12]

Esta era una decisión difícil para una persona judía del primer siglo, porque la familia era vista como una bendición o recompensa de parte de Dios.[13] La familia durante el tiempo de Jesús era la principal unidad económica y social. La Palestina del primer siglo era una sociedad campesina pre-industrial. La familia "era la base tanto de la identidad como de la seguridad financiera... aun así, muchas de las palabras más radicales de Jesús[14] parecían estar en contra de ella" (ver Mt. 8.21-22; Lc. 14:26).

¿Por qué parece que Jesús le está pidiendo a la multitud "odiar" a los miembros de su familia si desean ser Sus discípulos? Dallas Willard afirma: "El tema principal de este pasaje es que mientras uno piense que cualquier cosa podría ser más valioso que el compañerismo con Jesús en Su reino, uno no podría aprender de Él".[15]

En este verso 14:26, Lucas también hace una adición insertando el grupo familiar "...a su esposa y a sus hijos, a sus hermanos y a sus hermanas, y aun a su propia vida...". Estas adiciones lucanas no se encuentran en ningún otro lugar. La adición lucana de *"y aún su propia vida"* también se encuentra en Lucas 9:24 donde Jesús dice: "...pero el que pierda su vida por mi causa, la salvará".

El verbo *«miseô»* "odiar" del versículo 26 "es una típica hipérbole semítica" (Prov. 13:24; 2 Sam. 19:6; Mal. 1:2-3; Deut. 21:15-17).[16] En Hebreo [*sane'*] "odiar" lleva el significado de "la oposición de dos contrarios [que] no puede ser más que una forma vívida de expresar un mayor o menor grado" de sentimiento como se puede ver en Génesis 29:30-31... [17] como se puede ver en Génesis 29:30-31, donde el amor de Jacob por Raquel es comparado con odiar a Lea. Así, en el mundo hebraico *«sane'»* "odiar" podría muy bien llevar el significado de "amar menos".

---

[12] Malina, Bruce J. y Neyrey, Jerome H. "Conflict in Luke-Acts: Labeling and Deviance Theory", capítulo 4 de "The Social World of Luke-Acts: Models for Interpretation", Peabody, Massachusetts, Hendrickson Publishers, 1991. P. 109.

[13] Marcus J. Borg, "Jesus A New Vision: Spirit, Culture, and the Life of Discipleship", San Francisco, Harper & Row Publ., 1987. P. 104. Ver también, Richard Horsley, "Jesus, Itinerant Cynic or Israelites Prophet", Capitulo 3 de "Images of Jesus Today", Ed. James H. Charlesworth y Walter P. Weaver, Valley Forge, Pennsylvania, Trinity Press International, 1994. P. 79.

[14] Horsley, Richard. Ibíd.

[15] Willard, Dallas. "The Divine Conspiracy: Rediscovering our Hidden Life in God", Nueva York, NY, HarperCollins Publ. 1998. P. 293.

[16] Ibíd. p. 762.

[17] Zerwick, Max y Grosvenor, Mary. "A Grammatical Analysis of the Greek New Testament", Roma, Editrice Pontificio, Istituto Biblico, 1988. p. 241.

Malina y Neyrey proveen correctamente otro punto de vista de Lucas 14:26. Ellos argumentan que en el judaísmo del primer siglo era un comportamiento noble honrar a padre y madre,[18] sin embargo, para poder ser aceptados como discípulos de un rabí se les demandaba "amar menos" a su padre y a su madre. Ellos explican este "odiar" desde un punto de vista del lugar de honor; "honor, entonces, es la constante; pero lo que constituye el honor puede variar de una localidad a otra, [y] de una situación a otra".[19] En este caso, los seguidores potenciales de Jesús debían dar honor primero a Jesús, y a los miembros de sus propias familias en segundo lugar.

Encontramos, en Deuteronomio 33:9 y Éxodo 32:27-29, una similitud con «sane'» "amar menos", en que los levitas desatendían sus propias familias cuando llevaban a cabo su propio sacrificio al servir al Señor. De la misma manera como Dios demandó lealtad de Israel en Éxodo 20:3: "no tengas otros dioses además de mí", Jesús requiere lealtad similar de sus seguidores potenciales en Lucas 14:26.

Aun en los tiempos de los grandes filósofos griegos, como Sócrates, a sus estudiantes se les demandaba amar a su maestro más que a sus propias familias para buscar la verdad y para servir a sus maestros.[20]

Al mencionar "...y esposa..." (14:26) Jesús está comentando sobre la excusa dada en 14:20, donde los invitados al banquete dijeron: "Acabo de casarme y por eso no puedo ir". Ni siquiera los lazos familiares deben impedir a los aprendices potenciales seguir a Jesús. Jesús podría demandar de Sus seguidores incluso el martirio. Esto se manifiesta en Sus palabras: "y aun a su propia vida". La adición de Lucas de "incluso su propia vida" prepara a los aspirantes al discipulado a los posibles sufrimientos expresados en 14:27.[21]

Nolland también señala el progreso significativo de "viene a mí" (v. 26) a "me sigue" (v. 27).[22] Aquí vemos dos aspectos diferentes envueltos en el discipulado radical de Jesús.

Primero, un discípulo debe acudir a Jesús, a Su persona, pues dice: "viene a mí".

Segundo, un estudiante potencial debe seguir el ejemplo que Él nos dejó cuando observamos el "me sigue" del versículo 27.

Las frases "viene a mí... no puede ser mi discípulo" pone de manifiesto la fuerte relación maestro-estudiante que Jesús desea tener con Sus seguidores. Aquí

---

[18] Malina, Bruce J. y Neyrey, Jerome H. "Honor and Shame in Luke-Acts: Pivotal Values of the Mediterranean World", Capítulo 2 de "The Social World of Luke-Acts: Models for Interpretation". p 27.

[19] Ibíd.

[20] Hommel, ZNW, Vol. 57, 1966, p. 1-23. (Ver también, Epictetus, Diss. 3.3.3-5; Xenophon, Memorabilia).

[21] Nolland. "Word Biblical Commentary". p. 763.

[22] Ibíd.

vemos a Jesús implementando el estilo rabínico de discipulado (de acuerdo a Josefo [Ant. 6.84; 8.354]).[23]

Richard A. Horsley, profesor de Artes Liberales y Religión de la Universidad de Massachusetts, Boston, argumenta que "Lucas 14:26 probablemente debería ser entendido en el contexto del más amplio conflicto social esperado con la venida del reino".[24] Jesús presentó esta demanda radical a Sus seguidores potenciales debido a la llegada del reino de Dios a la Tierra, requiriendo así una respuesta seria de aquellos que desean ser parte de Él.

En Lucas 14:27 la palabra «*stauros*» "cruz" es añadida al tema del discipulado que encontramos en Lucas 9:23; 14:27, Mc. 8:34, Mt. 10:38 y Mt. 16:24. Con esta palabra "cruz" Jesús agregó un énfasis más fuerte a las relaciones de discipulado de Su tiempo, i.e. "el discípulo debe estar dispuesto a morir por su maestro".[25] Aunque «*stauros*» ha sido largamente debatido en cuanto a su autenticidad,[26] la historia nos informa que la cruz era parte del judaísmo del primer siglo.

Los judíos del tiempo de Jesús estaban familiarizados con la crucifixión, predominantemente como la forma romana de ejecución, pero también conscientes de que la crucifixión había sido practicada en su propia historia interna.[27]

Solo Lucas (ver Lc. 9:23), muestra a Jesús enfatizando que Su cruz debe ser cargada diariamente (cada día). El discípulo potencial de Jesús debe estar dispuesto a identificarse a sí mismo con los sufrimientos de Su Maestro diariamente. Identificarse con Jesús —explica Nolland— "debe funcionar por sí mismo, en toda ocasión, en aislamiento social, persecución, e incluso en el martirio".[28]

John H. Yoder (1927-1997), el teólogo norteamericano y especialista en ética, argumenta que la cruz de los discípulos no era una mera metáfora de "sufrimiento inocente",[29] sino que era el destino de los revolucionarios.[30] La

---

[23] Ibíd.

[24] Horsley, Richard A. "Jesus and the Spiral of Violence: Popular Jewish Resistance in Roman Palestine", San Francisco, Harper & Row Publishers, 1997. p. 229.

[25] Evans, Christopher F. "TPI New Testament Commentaries: Saint Luke", p. 578.

[26] Los eruditos que argumentan en contra de la autenticidad de «*stauros*» son: Arvedson, Mysterium Christi: Eine studie zu Mt 11, 25-30, (Uppsala: Lundquist, 1937). Vorwort, iv: Su conclusión es: "cruz" viene de "yugo" en Mateo 11:29a. Schwarz, NTS, 33 (1987) 259-60, promueve el punto de vista de Arvedson afirmando que detrás de "cruz" está el arameo *ydga*, que significa un yugo o barra puesta sobre los hombros para facilitar el balance de cargas pesadas. Los eruditos que aceptan la autenticidad de "cruz" son: E. Haenchen, NovT 6 (1963) 92; M. Hengel, "The Cross of the Son of God", tr. J. Bowden [London: SCM, 1986] 93-185; J.A. Fitzmyer, "Crucifixion in Ancient Palestine, Qumrán Literature, and the New Testament", CBQ 40 [1978] 493-513.

[27] Nolland, "Word Biblical Commentary", Vol 35b, p. 477.

[28] Ibíd. p. 482.

[29] Yoder, John H. "The Politics of Jesus: Behold the Man! Our Victorius Lamb", Segunda Edición, Grand Rapids: Michigan, William B. Eerdmans Publ. 1994. P. 38, n. 28.

[30] Ibíd.

revolución de Jesús era en un nivel espiritual. 1 Juan 3:5,8 dice: "Pero ustedes saben que Jesucristo se manifestó para quitar nuestros pecados... El Hijo de Dios fue enviado precisamente para destruir las obras del diablo". Jesús inició una revolución espiritual.

En 14:27, Lucas usa el verbo «*bastazô*», "cargar, levantar, sobrellevar", mientras que en Mateo 10:38 –el pasaje paralelo–, el evangelista Mateo usa «*lambavô*» "afianzarse de, asir, tomar para uno mismo". El uso de Lucas de «*bastazô*» podría ser "en términos de un viaje ya comenzado; como la metáfora de cargar la cruz hacia la ejecución en Jerusalén".[31]

El llamado de Jesús a la multitud "y me sigue" (14:27), era diferente al llamado de los rabís. Los rabís y sus estudiantes tenían un lugar de alto honor en Palestina, mientras que el llamado de Jesús a Sus seguidores en potencia era un desafío a seguirle hasta la cruz o hasta la muerte.

En Lucas 14:28, Lucas introduce parábolas gemelas que no se encuentran en los otros evangelios. Su motivo es enseñar a los oyentes a reflexionar seriamente antes de decidir ser Sus discípulos. Su sintaxis y vocabulario son muy propios de Lucas y le apuntan como escritor[32] del libro que lleva su nombre.

La primera parábola, la del constructor compulsivo, enseña la importancia de calcular primero el costo antes de hacer una decisión emocional y apresurada. Inicia con un interrogante negativo en espera de una respuesta positiva.[33] «*Kathizô*» "sienta", un participio activo aoristo, representa una consideración larga y seria. «*Prôton*» "primero" llama a analizar las decisiones importantes antes de embarcarse en una misión importante. «*Psêphizô*» "calcular" era un verbo común en escritores posteriores,[34] pero solo aparece dos veces en el Nuevo Testamento, aquí y en Apocalipsis 13:18.

El verbo viene de «*psêphos*» "una piedra", y este era usado al referirse a votar y contar. Lucas, en Hechos 26:10 usa el mismo verbo cuando dice que Pablo dio su voto (RV60). También en Lucas 14:28 se usa la palabra «*dapanê*» que es una palabra antigua y común, pero solo aquí se usa en el Nuevo Testamento, y significa "el costo o gasto". «*Dapanê*» viene de «*daptô*» "rasgar, consumir, devorar". Gasto es algo que consume los recursos personales, y es por ello que Jesús usa esta palabra para asegurar que la multitud considere bien el costo de ser Su discípulo. Jesús no fuerza a nadie a ser su discípulo, Él desea que sea nuestra propia decisión.

---

[31] Nolland, p. 482.
[32] Evans, C.F. p. 577
[33] Zerwick y Grosvenor, "A Grammatical Analysis of the Greek New Testament, Roma", 1988, p. 242.
[34] Robertson, A.T. "Word Pictures", p. 201.

Jesús no dirigió estas parábolas a sí mismo, como para cerciorarse de tener los discípulos necesarios para completar Su misión. Claramente habló estas parábolas a Sus discípulos potenciales para que considerasen el costo de ser Sus seguidores.

En 14:29 «*ekteleō*» "terminar", un infinitivo activo aoristo, denota el uso perfectivo de «*ek*», es decir, llevar a cabo algo hasta el fin. Jesús desea enfatizarle a la multitud que la vida de discipulado es una vida de entrega al reino de Dios hasta el fin.

En Lucas 14:30 encuentro «*hotis houtos anthrōpos*» "este hombre", esta forma gramatical señala un uso sarcástico del articulo *houtos*.[35] Si el candidato para el discipulado abandona la escuela de Jesús, el estudiante sería objeto de burla. De ello, Robert H. Stein, profesor senior de Nuevo Testamento en el *Southern Baptist Theological Seminary*, Louisville, Kentuck añade, "Esto no implica que la salvación deba ganarse. Más bien el punto enfatizado es que la gracia de Dios solo puede ser recibida por quienes, en arrepentimiento, le ponen a Él por sobre todas las cosas".[36]

En el versículo 31 encuentro otra palabra interesante, «*symballō*» "enfrentarse". Este un verbo antiguo y común que significa "reunir, disputar, chocar en guerra". También, en el mismo versículo, otra palabra clave es «*bouleuō*» "considera" (RV60). «*Bouleuō*» es el indicativo medio futuro de un verbo antiguo y común que significa "querer y aconsejar". Al escoger la forma media en este verbo se indica "tomar consejo con uno mismo, deliberar, reflexionar, antes de tomar una decisión importante". De esta manera, Jesús vuelve a enfatizar la importancia de reflexionar antes de tomar una decisión apresurada.

Lucas escribe en el versículo 14:32 «*presbeia*» "embajada", (RV60) y se trata de una delegación compuesta de ancianos, «*presbyteros*» sabios. «*Presbeia*» se encuentra en el Nuevo Testamento solo aquí y en Lucas 19:14. Por otro lado, solo para mencionar algo parecido, en Romanos 14:19, se lee en el griego «*ho eirênê*» "todo lo que conduzca a la paz".

La frase «*ei de mê (ge)*» "y si no puede" (RV60) del versículo 32 corresponde al rey incapaz de pelear solo con diez mil hombres. El problema con este rey es que ha calculado muy mal el potencial del enemigo. No se sentó y analizó correctamente la situación. Jesús desea que la multitud, al tomar la decisión de seguirle, calcule bien el costo.

El Señor Jesús usa estas dos parábolas para reforzar clara y fuertemente las demandas radicales del discipulado que Él presenta a la multitud. Así, Él les enseña que apresurarse a entrar en Su programa de discipulado sin un análisis serio, sería comparable a la persona que comienza a construir una torre sin los recursos necesarios para completarla. El discípulo no tendrá éxito. Tal y como sucedería

---

[35] Ibíd. p. 202.
[36] Stein, Robert H. "The New American Commentary", Vol 24, 1992. p. 397.

con el rey que sale a la batalla con un ejército de diez mil contra otro que encabeza un ejército de veinte mil. Estas decisiones precipitadas sin consideración del costo de ser discípulo de Jesús, solo pueden resultar en fracaso. La intención de Jesús era aclararles a Sus aprendices potenciales el mínimo de recursos necesarios para llegar a ser Sus discípulos.

Ahora bien, es importante recordar, como siempre, que aunque el costo de ser discípulo de Jesús es muy alto –y podríamos decir que nadie puede realmente pagarlo– el mismo Cristo anunció el envío del Espíritu Santo para ayudarnos a cubrir todos los requerimientos de Dios (Jn. 14;16;16:7); aunque es el mismo Cristo, quien habita por la fe en nuestros corazones (Ef. 3:17), quien pagará el precio del discipulado en nosotros a través de la fe en Él por el poder del Espíritu Santo en nosotros. De esta manera, ahora no decimos a un pecador el alto costo que implica seguir a Jesús, sino que por medio de la fe en el Hijo de Dios, seguramente obtendrá salvación y esta será preservada por la constante actuación del Espíritu Santo en su vida. Es así, como el cristiano cumplirá sin falta todos los costos del discipulado radical impuestos por Jesús.[37]

Lucas 14:33 es el tercer y último requisito presentado por Jesús en este pasaje para aquellos deseosos en ser Sus seguidores, y "encierra las parábolas dentro de una triada de dichos que dan al 'no puede ser mi discípulo' su tema".[38] «*Apotassô*» "renuncia" (RV60) es una palabra griega antigua que significa "poner aparte" como en obediencia a una orden militar. Esta voz media significa "separarse a sí mismo de, decir adiós a" como en Lucas 9:61, "renunciar, abandonar". Lucas 14:33 significa literalmente que el candidato "diga adiós a todas sus pertenencias" y está en concordancia con otros pasajes de Lucas tales como 12:33, 6:20, 24, en donde se enfatiza la pobreza como parte del discipulado de Jesús. En referencia a esto, Nolland afirma:

"Lo importante en el contexto presente es la necesidad de ser aliviado (como en el v. 26) para poder tener la libertad necesaria para vivir la realidad del discipulado. En el entendimiento de Lucas, la preocupación por la propiedad y la riqueza tiene un desastroso efecto en la posibilidad de llegar a un acuerdo con las demandas del discipulado de Jesús".[39]

Este versículo, 14:33, también provee el principio para las dos parábolas anteriores, ¿van los seguidores potenciales de Jesús a sacrificar radicalmente todo para poder ser Sus discípulos? Richard L. Rohrbaugh, profesor emérito de *Lewis and Clark College,* Portland, Oregón, concluye:

[37] Nota del editor.
[38] Robertson, A. T. "Word Pictures", p. 579.
[39] Nolland, p. 766.

"Permanecer como parte de los compañeros de élite de la red social personal, ¿impide ser parte de la comunidad cristiana que incluye a los que no son de la élite? ... Lucas ha dado una respuesta inequívoca e intransigente".[40]

En el pasaje principal de esta enseñanza dada por Jesús en Lucas 14:25-33, Él confronta a la multitud para mostrarles los tres requisitos radicales para ser Sus *mathêtê* "discípulos".

Las tres demandas son: 1) no permitir que nadie sea más importante que Él; 2) el estudiante potencial debe estar dispuesto a sufrir lo que sea, incluso el martirio, por Jesús; y 3) no permitir que ninguna posesión sea un obstáculo para seguir a Jesús diariamente. De no cumplir con estos requisitos, entonces, una persona "no puede ser Su discípulo".

En Lucas 14:25-33 Jesús desalienta a tomar decisiones impulsivas de ser Sus discípulos, y en su lugar, enfatiza a tener un entendimiento claro de los requisitos necesarios para convertirte en Su seguidor. El compromiso y decisión de seguir a Jesús lo cuesta todo.

Un estudio sociológico de Lucas 14:25-33

De acuerdo a Gerd Theissen, en su libro, *Sociología del Cristianismo Primitivo en Palestina,*[41] Jesús tuvo el paradigma de un sistema de discipulado en dos niveles. Él dice que el movimiento de Jesús estaba compuesto por dos grupos diferentes: "los simpatizantes" y los "carismáticos errantes".

Los "carismáticos errantes" eran aquellos que habían aceptado y practicado las demandas radicales del discipulado de Jesús. Los "simpatizantes" eran aquellos discípulos de Jesús que creían en Él, pero continuaban en los asuntos de sus vidas diarias, [y] apoyaban a Jesús y a Sus "carismáticos itinerantes" financieramente.[42]

Theissen afirma que Jesús tuvo dos grupos diferentes de discípulos y tenía para ellos dos diferentes demandas éticas, una para cada grupo. Él escribe:

---

[40] Rohrbaugh, Richard L. "The Pre-Industrial City in Luke-Acts: Urban Social Relations", Capítulo 5 de "The Social World of Luke-Acts: Models for Interpretation", Editor Jerome H. Neyrey, p. 146.

[41] Theissen, Gerd. "Sociology of Early Palestinian Christianity", Traducido por John Bowden del alemán "Soziologie der Jesusbewegung", 1977. Esta edición en inglés fue publicada por Fortress Press, Filadelfia, 1978.

[42] Ibíd., pp. 22-23.

"El radicalismo ético de la tradición sinóptica está conectado con su patrón itinerante, que podía llevarse a cabo solo bajo condiciones extremas y marginales. Tal comportamiento solo podía practicarse y llevarse a cabo con algún grado de credibilidad por aquellos que se hubieran soltado de las ataduras mundanas del diario vivir, quienes habían dejado hogar, esposa e hijos... cuando encontramos normas radicales y normas más moderadas lado a lado en los evangelios, sería obvio conectar esta yuxtaposición con la asociación cercana de los carismáticos itinerantes con las comunidades...".[43]

Theissen también afirma que es imposible comprender el discipulado de Jesús "exclusivamente en términos de los carismáticos itinerantes".[44] Él sugiere que debemos estudiar los evangelios recordando también el rol de patrocinio y apoyo de los simpatizantes. Sin embargo, en cuanto al pensamiento de Theissen, Hans Kvalbein escribe:

"Existe una continuidad entre los 'discípulos' en el ministerio de Jesús y la iglesia primitiva en Jerusalén y las iglesias subsecuentes. No se veían a sí mismos como partidarios, sino como discípulos de Jesús... Todos los creyentes tienen esta posición, y todo intento de hacer una distinción básica entre 'discípulos' y cristianos 'ordinarios' es contraria a las fuentes bíblicas".[45]

Un problema que encuentro con la teoría de Theissen es su sugerencia de que Jesús hizo dos demandas éticas diferentes a Sus seguidores, una para los carismáticos itinerantes y otra para los simpatizantes. En los evangelios veo a Jesús haciendo las mismas demandas radicales de discipulado tanto a la multitud como a Sus discípulos.

En Mateo 16:24 Él demanda una respuesta radical de Sus discípulos, y en Lucas 14:25-27 Jesús demanda la misma respuesta radical de la multitud. La diferencia está en que Jesús dio diferentes funciones a diferentes discípulos. Como vimos antes, de Sus discípulos Él escogió doce apóstoles (Lc. 6:13; Mr. 3:13-14; Mt. 10:1-2).

Jesús hizo también diferentes demandas de discipulado a diferentes personas, de acuerdo a las prioridades de sus corazones. Al joven rico (Mt. 19:16-29; Mr. 10:17-20; Lc. 18:22), le dijo, "Todavía te falta una cosa: vende todo lo que tienes y repártelo entre los pobres, y tendrás tesoro en el cielo. Luego ven, y sígueme".

---

[43] Ibíd., pp. 15,18.
[44] Ibíd., p. 17.
[45] Hans Kvalbein, "Go therefore and make disciples...", Themelios, 13: p. 51 (Enero-Feb. 1988).

Mientras que al gadareno, a quien Jesús hizo libre de la posesión demoniaca, Jesús le dijo "Vete a tu casa, a los de tu familia, y diles todo lo que el Señor ha hecho por ti..." (Mr. 5:19). Wilkins confirma esto cuando escribe: "Jesús personaliza el costo del discipulado de acuerdo a lo que Él sabe son las prioridades del corazón de cada persona".[46]

Jesús llama a todos al discipulado, que es la salvación, después da diferentes funciones a Sus discípulos: a unos les da la función de apóstol, a otros a ser profetas, a otros evangelistas, a otros pastores y maestros. Sin embargo, todos los discípulos potenciales son llamados a poner a Jesús como lo primero en sus vidas y a practicar diariamente las demandas radicales de Su discipulado.

Preguntas de reflexión

1. ¿Cuáles son las tres condiciones de Jesús en Lucas 14:25-33 para ser sus discípulos?
2. ¿Cuál sería una correcta explicación del uso de la palabra "odiar" que Jesús usa en este pasaje?
3. ¿Cuáles son las particularidades de Lucas en este pasaje con respecto a sus paralelos en los otros evangelios?
4. Explique la teoría de Gerd Theissen y si sus implicaciones son congruentes con la Palabra de Dios.

---

[46] Wilkins, "Go therefore and make disciples...", p. 110.

CAPÍTULO IX

Un estudio sinóptico del modelo de discipulado de Jesús

Los escritores de los evangelios sinópticos, con excepción de Lucas, pasaron tres años con Jesús. Vivieron con Él, caminaron con Él y oyeron Sus enseñanzas. Los escritores de los evangelios escribieron las palabras de Jesús referentes al discipulado. Es importante investigar los evangelios sinópticos, los cuales son Mateo, Marcos y Lucas, para una mejor comprensión del discipulado de Jesús.

Los escritores sinópticos escribieron las enseñanzas de Jesús unos veinte o treinta años después de Su partida.[1] Presentaron la teología de Jesús del discipulado de acuerdo a su propio entendimiento del mismo, a su propio trasfondo, y de acuerdo a las necesidades de su propia comunidad cristiana.[2]

Mi propósito es descubrir cómo la teología del discipulado era interpretada por cada evangelista. Enfatizaré solo las principales distintivas del discipulado hechas por cada evangelista.

Una interpretación mateana

Mateo escribió su evangelio para su iglesia, aunque Marcos y la llamada fuente "Q" ya estaban en circulación. Doyle, B. Rod, profesor en el *Catholic Theological College*, Melbourne (Australia) opina que "Mateo vio la necesidad

---

[1] Fitzmyer, Joseph A. "Luke The Theologian: Aspects of His Teachings", p. 118.
[2] Melbourne, Bertram L. "Slow to Understand: The Disciples in Synoptic Perspective", Lanham, MD: University Press of America, 1988. p. xi. Michael J. Wilkins, "Following the Master", p. 172

de otro evangelio para responder a sus necesidades particulares".[3] Y concluye su evangelio recordando a su comunidad el mandamiento de Jesús, la Gran Comisión (28:19-20), diciendo, "Por tanto, vayan y hagan discípulos de todas las naciones, bautizándolos en el nombre del Padre y del Hijo y del Espíritu Santo, enseñándoles a obedecer todo lo que les he mandado a ustedes. Y les aseguro que estaré con ustedes siempre, hasta el fin del mundo".

El verbo principal –en el texto griego– de esta comisión es «*mathêteuô*» "hacer discípulos". Y debe ser obedecido mediante tres acciones: «*poreuô*» "yendo", «*baptize*» "bautizando", y «*didaskô*» "enseñando".[4] Por lo tanto, Mateo le dice a su iglesia que deben hacer discípulos saliendo, bautizando y enseñando a todos los grupos étnicos (naciones). Mateo caracteriza su comprensión del programa de discipulado de Jesús de las seis formas siguientes:

Primero, Mateo usa el termino «*mathêteuô*» más veces que los otros escritores del Nuevo Testamento. Su objetivo era enseñarle a su comunidad que ellos también eran discípulos de Jesús. Mateo, en 8:21; 10:42; 27:57; y 28:19, muestra que había muchos más discípulos de Jesús, además de los doce apóstoles. Para él, «*mathêteuô*» era un término eclesiástico.[5] Debido a que ellos también eran discípulos de Jesús, debían cumplir las demandas de Su discipulado (Mt. 10:37-39). Por lo tanto, para Mateo el discipulado no terminó con la ascensión de Cristo, sino que continuó después de esta. Un «*mathêtê*» para Mateo era alguien "que oye y entiende los mandamientos y enseñanzas de Jesús, y hace la voluntad de Dios (12:50)".[6]

Segundo, Mateo presenta una imagen más positiva de los discípulos que Marcos. En Mateo los discípulos entendieron después de que Jesús les explicó las parábolas (Mt. 16:12), lo que no sucede con Marcos, con quien los discípulos "aún no comprendían" (Mr. 8:21). En Mateo 20:20 (paralelo a Mr. 10:35) es la madre quien hace la petición y no los discípulos.

Tercero, los cinco discursos de Mateo están dirigidos principalmente a los discípulos (5:1-2; 10:1,5; 13:10-17, 36, 51-52; 18:1; 23:1; 24:1-3). De acuerdo a Mateo 13:10-17 los discípulos son un grupo distinto a la multitud.[7] Los secretos del reino de Dios fueron dados solo a ellos, les informa Jesús. El ministerio de enseñanza es grandemente enfatizado en Mateo.[8]

---

[3] B. Rod Doyle, "Matthew's Intention as Discerned by his Structure", Revue Biblique, 95: p. 38. 1988.

[4] Kvalbein, "Go therefore and make disciples...", Themelios, p. 48.

[5] Ulrich Luz, "The Disciples in the Gospel according to Matthew", The Interpretation of Matthew, editado por Graham Stanton, Filadelfia: Fortress Press, 1983. pp. 101, 110.

[6] Ibíd., p. 109.

[7] Melbourne, Bertram L. "Slow to Understand: The Disciples in Synoptic Perspective." p. 61.

[8] Wilkins, Michael J. "Named and Unnamed Disciples in Matthew: A Literary-Theological Study", SBL 1991 Papeles de Seminario, Atlanta: Scholars Press, pp. 427-28.

Cuarto, Mateo evade la palabra «*apostolos*»; solo la usa en Mateo 10:2. Ulrich Luz, teólogo suizo y profesor emérito de la Universidad de Bern, Suiza, dice que Mateo la usa aquí solo para mostrar la concepción teológica de los doce apóstoles que fue desarrollada por Lucas, y que era "algo así como la tendencia de la época".[9] Otra razón por la que Mateo usa más «*mathêtê*» que «*apostolos*» era debido a que su iglesia podía identificarse más con ser discípulos que con ser apóstoles.[10]

Quinto, Mateo enfatizó la distinción de Jesús al llamar y escoger Sus discípulos, (ver Mt. 4:21-22). Y son los discípulos quienes, en respuesta, sacrificaron sus trabajos seculares y relaciones familiares para seguirle. Pero en Mateo 19:23-30, Jesús les asegura que serán recompensados en esta vida y en la vida siguiente.[11]

Sexto, Mateo reveló el lado humano de los discípulos,[12] 8:23-27 y 26:56 donde se lee: "Entonces todos los discípulos lo abandonaron y huyeron". Pero al final del libro, Jesús los encuentra de nuevo y les comisiona a ir a hacer discípulos. Aquí Mateo estaba enseñando a su iglesia que «*mathêtê*» no era sinónimo de gente perfecta.

Mateo escribió su evangelio para enseñar a la comunidad cristiana que ellos también eran discípulos de Jesús y, por lo tanto, debían cumplir con la vida de discipulado. Mateo enseña que es Jesús quien llama y escoge a Sus discípulos. Los discípulos son presentados como seguidores que entendieron las parábolas después de la explicación de Jesús, en contraste con la multitud que no tenía completa fe en Él.

Y Mateo reveló el lado humano de los discípulos presentándoles como discípulos en proceso de madurez. ¿Cómo describe Marcos la vida de discipulado?

Una interpretación marquiana

Elizabeth Malbon, profesora de estudios religiosos del Instituto Politécnico de Virginia, escribe:

"Los discípulos de Jesús son retratados en el evangelio de Marcos tanto con fortalezas como con debilidades para poder servir como modelos realistas y alentadores para los oyentes/ lectores, que experimentan tanto fortalezas como debilidades en su discipulado cristiano".[13]

Marcos presenta a los discípulos incapaces de comprender el ministerio de enseñanza de Jesús (8:14-21), Su camino hacia la cruz (8:31-33; 9:30-32), y Su

---

[9] Luz, Ulrich. "The Disciples in the Gospel according to Matthew", The Interpretation of Mathew", p. 108.

[10] Ibíd. p. 109.

[11] Melbourne, Bertram L. "Slow to Understand", p. 70.

[12] Ibíd. p. 64.

[13] Malbon, Elizabeth Struthers. "Disciples/Crowds/Whoever: Markan Characters and Readers", Novum Testamentum XXVIII, 2 (1986), p. 104.

servidumbre (10:35-45). Marcos muestra cuán difícil fue para los discípulos de Jesús entender "Su misterio y la cruz".[14] Marcos presenta a los discípulos como expectantes de un Mesías de reino visible y triunfante, en vez de un reino oculto en términos de sufrimiento y de la cruz (8:31-33; 9:30-32; 10:32-34).[15]

Más que ningún otro, el Jesús presentado por Marcos enfatiza la servidumbre que Sus discípulos deben tener.[16] Marcos le dice a la iglesia (9:35; 10:45) que Jesús sirvió y dio Su vida en rescate por muchos, y ellos deben seguir Su ejemplo.

Marcos usa «mathêtê» intercambiablemente. Algunas veces lo usa para referirse a los doce (10 veces), y otras veces para referirse a un grupo más grande de discípulos (41 veces).[17] En Marcos 2:23; 3:7, 9, menciona un grupo de discípulos antes de 3:14, donde Él va a la montaña y escoge a los doce. Esto significa, una vez más, que los doce fueron escogidos de entre un grupo más grande de discípulos.

Marcos enseña que solo los discípulos, aquellos que creen y siguen a Jesús, han entrado en el reino de Dios, 1:15; 10:15, lo que significa "... la nueva época y esfera de la presencia de Dios donde Él gobierna como rey pero de forma salvadora...".[18]

El Jesús revelado por Marcos demandaba respuestas radicales de algunos seguidores (1:20; 10:21,28); pero no de otros (5:18, 9:38, ver también sus contextos).

Por lo tanto, Marcos quería enseñar a su comunidad cristiana a estar preparados para seguir a Jesús de manera radical.[19]

En Marcos 8:34, encontramos a Jesús dando una aplicación universal a las demandas radicales del discipulado al predicar tanto a la multitud como a los discípulos. Aquí, "Marcos anota la mayor puntuación teológica al mostrar que el discipulado genuino está fundamentado en la servidumbre mesiánica de Jesús mismo y en el modelado según esta".[20]

Solo en Marcos 8:35, 38; 10:29, encontramos que los discípulos deben sufrir no solo por Jesús, sino también por Su evangelio y Sus palabras. Esto significa que el discipulado es más que una relación con la persona de Jesús, es también un compromiso con Sus palabras.[21] Marcos le dijo a su comunidad que era difícil para los primeros discípulos entender el programa de discipulado de Jesús en términos de sufrimiento y de la cruz. Marcos también les persuade a adoptar la actitud de servicio, porque Él vino a servir y no a ser servido.

---

[14] Wilkins, "Following the Master", p. 197.

[15] Ibíd.

[16] Milne, Douglas, J. W., "Mark-The Gospel of Servant Discipleship", *The Reformed Theological Review*, 49: (Enero-Abril 1990), p. 20.

[17] Sweetland, Dennis M. "Our Journey with Jesus: Discipleship according to Mark", p. 37.

[18] Ibíd., p. 21.

[19] Milne, Ibíd., p. 25.

[20] Ibíd.

[21] Ibíd., p. 27.

Marcos usa «*mathêtê*» para identificar tanto a los doce como a un número mayor de discípulos de Jesús. También enseña a su iglesia que solo los discípulos y seguidores de Jesús heredarán el reino de Dios. Marcos enseña que Jesús predicaba Sus demandas radicales de discipulado a todos, no solo a Sus discípulos.

Ahora es tiempo de ver cómo Lucas entendió y enseñó la teología del discipulado a su comunidad.

Una interpretación lucana

Lucas es el único evangelista que, en el libro de los Hechos, extiende la narrativa del evangelio a una época después de la Pascua. Esto nos da a conocer cómo el discipulado era visto, entendido y practicado después de la ascensión de Jesús.

Lucas enfatiza más poderosamente –y más que ningún otro las demandas radicales del discipulado y el costo de seguir a Jesús (Lc. 14:25-33). En la narración de Lucas, convertirse en discípulo de Jesús significaba tomar la cruz, odiar a la familia y la vida propia, y vender todas las posesiones personales. Mateo 10:37-38 no expone este pasaje con la misma fuerza como lo hizo Lucas. Lucas claramente enseñó a su comunidad que seguir a Jesús no debe ser una decisión indecisa o a medias.[22]

Ralph P. Martin, erudito del Nuevo Testamento en la Universidad de Manchester, Inglaterra, explica el propósito de Lucas en sus escritos; nos dice: "Los intereses esencialmente pastorales del tercer evangelista nunca son tan claros como en su insistencia en las demandas del discipulado... Lucas no está componiendo su obra como narrador independiente; él busca provocar una respuesta en el presente a través de su recital de eventos pasados... (la obra de Jesús) es continuada en Su resurrección y ministerio exaltado en la iglesia.[23]

El propósito de Lucas al escribir era enseñar a sus lectores cristianos el tipo de discipulado que Jesús desea de Sus seguidores.

Lucas, al igual que Marcos y Mateo, claramente identifica a sus lectores cristianos con los discípulos de Jesús al decirles que Él tuvo más de doce discípulos.[24] Lucas, en 9:23, cambió lo dicho por Marcos 8:34: "a la multitud y a sus discípulos", por "a todos", y luego agrega "cada día" a lo de cargar cada quien su cruz. Este cambio explícitamente incluye a la comunidad de Lucas en el círculo de los discípulos de Jesús. Lucas es el único que menciona a Jesús enviando a setenta (en grupos de dos) en un viaje misionero (Lc. 10:1-16).

---

[22] Wilkins, Ibíd.

[23] Martin, Ralph P. "Salvation and Discipleship in Luke's Gospel", Interpretation,, 30 (1976): p. 378.

[24] O'Toole, Robert F. "Luke's Message in Luke 9:1-50", The Catholic Biblical Quarterly, 49 (1987): p. 88.

Después, en Lucas 6:13,17, hace una distinción entre los doce y el grupo mayor de discípulos de Jesús. Y luego en Hechos 11:26, «*mathêtê*» claramente se refiere a los cristianos después de la primera Pascua.[25] Lucas quería asegurarse de que sus lectores entendieran que Jesús tuvo más de solo doce discípulos.

Lucas también informa a sus lectores que seguir a Jesús –o convertirse en Su discípulo– significa participar de Sus sufrimientos (ver Lc. 9:23-27; 14:25-33). En Hechos, Lucas describe cómo la iglesia primitiva sufrió enormemente por Jesús. Por lo tanto, en su evangelio, Lucas enseña que seguir a Jesús significa negarse a uno mismo y tomar la cruz aceptando "cualquier experiencia, aun incluyendo la persecución que Dios envíe [permita] a su diario vivir cristiano".[26]

Lucas modera, a través de omisiones, adiciones y transposiciones, la descripción de los discípulos.[27] Lucas es el único que omite la represión de Jesús a Pedro (Mr. 8:32-33; Mt. 16:22-23). En Lucas 9:45, agrega a la segunda predicción: "Pero ellos no entendían lo que quería decir con esto. Les estaba encubierto para que no lo comprendieran..."[28]

Lucas, sin embargo, no esconde el lado humano de los discípulos. En la Transfiguración, (pasaje encontrado en Lucas 9:28-36), se muestra a los discípulos durmiendo, y a Pedro haciendo una sugerencia equivocada. En Lucas 9:46 se muestra a los discípulos discutiendo cuál de ellos era el mayor.

Lucas es el único evangelista que extiende su narrativa después de la época de la Pascua en el libro de Hechos. En Hechos, Lucas narra cómo los discípulos vivieron después de la ascensión de Jesús. Él enfatiza –más que Mateo y Marcos– las demandas radicales del discipulado. Lucas –como los otros evangelistas– también enseña que Jesús tenía más discípulos además de los doce. Lucas enseñó a sus lectores que seguir a Jesús significa compartir Sus sufrimientos. Lucas también presenta el lado humano de los discípulos, enseñándoles a sus lectores que ellos no eran perfectos. ¿Están listos los discípulos latinos de Cristo a seguir a Jesús de la forma lucana?

Preguntas de reflexión

1. ¿Cuál es manejo del término «*mathêtê*» en los escritos de Mateo en las Sagradas Escrituras?

[25] Luz, Ulrich. "The Disciples in the Gospel according to Matthew", pp. 108-109.
[26] O'Toole, Op. Cit., p. 88.
[27] Ibíd. p. 82.
[28] Ibíd. pp. 82-83.

2. ¿Cuál es manejo del término «*mathêtê*» en los escritos de Marcos en las Sagradas Escrituras?

3. ¿Cuál es manejo del término «*mathêtê*» en los escritos de Lucas en las Sagradas Escrituras?

4. ¿Cuáles son las evidencias de que los evangelios no escondieron el lado humano de los discípulos?

CAPÍTULO X

Ejemplo: Una descripción de los latinos en los Estados Unidos

En este capítulo proporcionaré un ejemplo de los latinos en los Estados Unidos para describir ciertos rasgos característicos de ellos en general; esta información nos ayudará a dar aplicación al discipulado de Jesús en otros latinos del mundo también. ¿Cómo es un discípulo radical de Jesús latino?

Un perfil de los latinos en los Estados Unidos

Casi dos de cada diez personas en los Estados Unidos son de origen latino. Esto está basado en un estimado al 1 Julio de 2014 de la población latina en los Estados Unidos. Ahora los latinos son 56.6 millones o el 17.6 por ciento del total de la población de Estados Unidos.[1] Aunque el índice de crecimiento de la población latina ha decrecido desde la gran recesión del 2007 –de un 5.8% en los 90´s a un 2.8% anualmente entre 2007 y 2014–, esta sigue siendo una de las de mayor índice de crecimiento poblacional, tan solo seguida por la asiática con un 3.8% anual.[2] Según el *Pew Research Center* viven más de 11 millones de inmigrantes ilegales en los Estados Unidos y de ellos un 80% proceden de México y Latinoamérica.[3]

---

[1] http://www.census.gov/newsroom/facts-for-features/2016/cb16-ff16.html
[2] http://www.pewhispanic.org/2016/09/08/latino-population-growth-and-dispersion-has-slowed-since-the-onset-of-the-great-recession/
[3] http://www.pewresearch.org/fact-tank/2016/11/03/5-facts-about-illegal-immigration-in-the-u-s/

Orlando Costas afirma: "Los hispanos no son solo numéricamente significativos, son también una de las minorías más deprimidas en la nación. Una encuesta de 'parabrisas'... inmediatamente revela un pueblo socialmente marginado y económicamente oprimido..."[4]

Se puede decir que los latinos en los Estados Unidos son una raza múltiple. En 2010, casi dos tercios fueron de origen mexicano (63 por ciento), los portorriqueños el 9.2 por ciento, centroamericanos y suramericanos el 16.2 por ciento, los cubanos el 3.5 por ciento, y otros latinos el 8.1 por ciento del total de la población latina en los Estados Unidos.[5]

Los latinos son un pueblo bilingüe. El 60 por ciento de los latinos en los Estados Unidos usan el español como idioma principal (este grupo pertenece a los latinos nacidos fuera de los Estados Unidos). El 50 por ciento de los pertenecientes a la segunda generación son bilingües y el 23 por ciento habla igualmente el español y el inglés en la tercera generación.[6]

Rasgos culturales latinos en Estados Unidos

Los latinos se pueden agrupar por generaciones culturales, idioma, religión, valores, países de origen, y trasfondo cultural.[7] Hay tres grupos étnicos que proveen la herencia cultural para los latinos en los Estados Unidos: los españoles, los indios americanos, y los africanos.[8]

Eldin Villafañe, conocido autor hispano, afirma que los latinos reciben de su trasfondo español las dos siguientes características: pasión y personalismo. Villafañe dice: "Para el español, el corazón es el centro de la visión de la vida... Sentimiento y emoción son el 'relleno' de la vida".[9] Joseph P. Fitzpatrick afirma que este personalismo español se enfoca en la importancia interna de la persona, en contraste con el individualismo de los Estados Unidos, que valora al individuo según su habilidad de competir por estatus sociales o económicos más altos.[10]

---

[4] Costas, Orlando. "Christ Outside the Gate: Mission Beyond Christendom", Nueva York: Orbis Books. 1982. P. 113.

[5] http://www.pewhispanic.org/2011/05/26/us-hispanic-country-of-origin-counts-for-nation-top-30-metropolitan-areas/

[6] http://www.pewresearch.org/fact-tank/2015/03/24/a-majority-of-english-speaking-hispanics-in-the-u-s-are-bilingual/

[7] González, Justo L. "Hispanic Worship", Capítulo 1, ¡Alabadle!: *Hispanic Christian Worship*. Justo L. González, Ed. Nashville: TN. Abingdon Press. 1996. pp. 9-11.

[8] Villafañe, Eldin. "El Espíritu Liberador: Hacia una Ética Social Hispana Americana Pentecostal". Grand Rapids, Michigan. William B. Eerdmans Publ. House. 1993. p. 3.

[9] Ibíd. p. 5.

[10] Fitzpatrick, Joseph P. "Puerto Rican Americans: The Meaning of Migration to the Mainland", Englewood Cliffs, N.J.: Prentice-Hall, Inc. 1971. p. 90.

Este individualismo español provee el trasfondo de la cosmovisión latina donde cada persona es valorada y respetada, sin importar su estatus en la sociedad.[11]

Cuando los españoles llegaron a Latinoamérica al final del siglo quince, encontraron poderosos imperios en nuestro continente. Algunos de ellos eran los aztecas, los mayas y los incas. Estas civilizaciones amerindias dejaron una fuerte impresión cultural en los latinos: la comunidad. Villafañe explica su sistema comunal:

"el bienestar y la supervivencia del grupo eran así la responsabilidad suprema de cada miembro del grupo. Una conciencia comunal permeaba todo en la vida... familia, economía, política, educación, religión – [todo] estaba orientado hacia la comunidad".[12]

La contribución Africana a la cultura latina se encuentra en la música, danza, folklore, religión y lenguaje. Las personas negras llegaron a Latinoamérica en el siglo dieciséis a países como Haití, República Dominicana, Puerto Rico, Cuba, Venezuela, Brasil, Colombia y Perú. Florinda Alzaga, quien fue una intelectual cubana nacida en Camagüey en 1930, escribe que los esclavos usaron la música para superar su situación opresiva, "Su tristeza se diluía en la danza, en la felicidad momentánea que daba sentido a su vida".[13]

Fiesta y familia son dos características latinas distintivas en general que emergieron al combinarse sus tres principales trasfondos: el español, el amerindio y el africano). Los latinos en el mundo usarán cualquier ocasión para celebrar la vida a través de una fiesta. Elizondo escribe, "Las tragedias de su historia no han eliminado la risa y el gozo... fiesta es la mística... afirmación de que la vida es un regalo y vale la pena vivirla".[14]

Eldin Villafañe presenta un perfil latino en todo el mundo:

"Homos Hispanicus"

Pasión - La vida es para ser heroico; sentimientos y emociones deben aceptarse en una respuesta holística hacia la vida.

Personalismo - Las relaciones personales son superiores, por encima de principios abstractos e instituciones.

Paradoja del alma - Realista e idealista, se puede ser ambos sin confusión o confinamiento.

---

[11] Op. Cit. p. 6.

[12] Ibíd. pp. 8-9.

[13] Alzaga, Florinda. "Raíces del Alma Cubana", Ediciones Universal, Miami. (1976). p. 26.

[14] Elizondo, Virgilio. "Galilean Journey: The Mexican-American Promise". Maryknoll: New York, Orbis Books. 1994 p. 43.

Comunidad - La conciencia comunal permea todo en la vida.

Romería - Una sensación de atemporalidad (peregrinación) debe cultivarse.

Elán musical - La unidad, liberación, transcendencia y gozo deben expresar e impresionar todo en la vida.

Fiesta - Celebración que afirma que la vida es un regalo y vale la pena vivirla.

Familia - Relaciones íntimas de grupo como sentido de seguridad, identidad y reconocimiento de logros.[15]

El Dr. Enrique Zone-Andrews en su disertación doctoral, "Competencias Sugeridas para los Líderes Eclesiásticos Hispanos Protestantes del Futuro", provee información excelente sobre los latinos en los Estados Unidos. Explicando el uso del tiempo, Zone-Andrews afirma:

"Para los anglo-americanos, el tiempo es horizontal y siempre está avanzando; se mueve del pasado al futuro. Para los hispanos, el tiempo es vertical y está detenido; permanece dentro de un espacio dado. Los hispanos viven en el presente, que contiene todo el tiempo que hay. El pasado no quedó atrás sino alrededor; el futuro es parte del hoy. Se da cuenta que no es posible hacer todo lo que debe hacer o le gustaría hacer en el tiempo de vida. Simplemente no hay suficiente tiempo, así que cada día debe vivirse al máximo; el mañana no es una preocupación. La vida debe vivirse hoy".[16]

Jesse Miranda, conocido líder cristiano y autor, compara la cultura latina con la predominante cultura anglo en los Estados Unidos.[17] Miranda entiende que las diferencias culturales no son verdaderas en cada persona, pero ayudan a entender a los latinos en Estados Unidos.[18]

---

[15] Villafañe, Eldin. "El Espíritu Liberador: Hacia una Ética Social Hispana Americana Pentecostal". p. 15.

[16] Zone-Andrews, Enrique. "Suggested Competencies for the Hispanic Protestant Church Leader of the Future", o Ed. D. Disertación, *Pepperdine University*. Malibu, CA. Publicado por UMI *Dissertation Services*, Ann Arbor, Michigan. 1997. p. 198.

[17] Miranda, Jesse. Liderazgo y Amistad: Un Ministerio que Transforma. Miami, Florida: Editorial Vida. 1998. pp. 14-15.

[18] Ibíd.

Cultura Anglo	Cultura Latina
Tradición protestante	Tradición católica
Estilo de vida de hogar	Estilo de vida al aire libre
Orientación a la meta	Orientación hacia el progreso
Orientación racional	Orientación intuitiva
Valores	
Individual	Comunal
Precisión	Relacional
Verdad	Cortesía
Autonomía	Honor
Autoconfianza	Jerárquica
Proceso racional	
Lineal	Cíclico
Lógico	Retórico
Analítico	Integral
Secuencial	Espiral
Comunicación	
Objetiva	Metafórica
Directa	Indirecta
Primera Persona	Tercera persona
Voz activa	Voz pasiva
Solución de problemas	
Resolución	Solidaridad
Expresiva	Reservada
Antagónica	Conciliadora
Negocio	Armonía

Clifton Holland, director del Programa de Estudios Socio-Religiosos Latinoamericano, provee otra excelente lista que compara la cultura anglo con la cultura latina incluyendo una cultura de pobreza en los Estados Unidos:[19]

---

[19] Clifton Holland, "The Religious Dimension in Hispanic Los Angeles: A Protestant Case Study", Pasadena, California: William Carey Library. 1974. p. 120.

Cultura Anglo	Cultura Latina	Cultura de pobreza
Orientada al futuro	Orientada el presente	Orientada al presente
Énfasis en la puntualidad	Poca importancia a la puntualidad	Incapaz de posponer la gratificación o planear el futuro
Orientada al éxito	Orientada a la persona	Orientada a la persona
Énfasis en hacer		Énfasis en ser
Materialista: adquirir cosas	Relacional: amigos y familia	Mezclada: materialista-relacional
Familia nuclear	Familia extendida	Familia extendida
Individualismo	Paternalismo	Autoritarismo
Afirmación del ego		Ego débil
Igualitarismo: afirmación de Hombre-Mujer	Dominio masculino	Machismo/confusión de roles sexuales
Racionalismo	Tradicionalismo	Tradicionalismo
Progreso	Conformidad	Provincialismo
Aculturación	Enculturación	Enculturación
Ética protestante del trabajo	Trabajo para satisfacer necesidades presentes	Trabajo para satisfacer necesidades presentes
Ahorro y trabajo para el futuro	Bajo nivel de aspiraciones	Bajo nivel de aspiraciones

Educación latina

Se puede decir que la población latina ha tenido un importante progreso en cuanto al nivel educativo. Mientras que en décadas pasadas la educación entre los latinos podría declararse deplorable, en la última década ha tenido avances significativos. Según un estudio respaldado por *Pew Research Center,* mientras que en 1993 la deserción de la escuela secundaria y preparatoria (*high school*) fue de un 33%, en el 2014 se redujo a solo un 12%, es decir, en ese año la población latina en terminar el grado de *High School* fue de un 88%. Sin embargo, muchos de los que terminaron *High School* no continuaron estudiando; aun así se observaron mejoras considerables, ya que mientras que el porcentaje de hispanos de 18 a 24 años de edad inscritos en programas universitarios en 1993 era tan solo un 22%, en 2014 se incrementó a 35% de ellos. En comparación, un 64% de los jóvenes asiáticos y 42% de blancos estuvieron inscritos en programas universitarios en el mismo año. Tristemente, ni con las mejoras observadas, los hispanos dejan de ser el grupo menos preparado académicamente. Los estudios arrojaron que en el 2014, un 63% de los asiáticos, 41% de los blancos y un 22% de los negros poseían un bachillerato o algún grado mayor, mientras que tan solo el 15% de los hispanos en general tuvo esta categoría.[20]

Empleo y pobreza latinos

Los latinos son arduos trabajadores. De acuerdo al Buró de Estadísticas Laborales (BLS por sus siglas en inglés) en su reporte de 2014, los latinos de 16 años en adelante compartían un porcentaje similar con los blancos no latinos en la participación en la fuerza laboral, 66.1 por ciento de latinos y 63.1 por ciento de blancos no latinos. Sin embargo, los hombres latinos tienen un porcentaje mayor que los blancos no latinos en la participación en la fuerza laboral de Estados Unidos, 76.1 por ciento de latinos contra un 69.8 de blancos no latinos.[21] Estas estadísticas prueban que los latinos en los Estados Unidos trabajan duro para ganar su sustento.

Aunque los latinos trabajen duro por su sustento, uno de cada cinco latinos en los Estados Unidos vive bajo la línea de la pobreza. En los Estados Unidos viven bajo la línea de pobreza más porcentaje de latinos que blancos no latinos (21 por ciento en comparación al 9 por ciento), de acuerdo a las cifras proporcionadas por el buró de Censo en su reporte de marzo de 2016.[22]

El porcentaje de niños latinos menores de 18 años de edad viviendo bajo la línea de pobreza es incluso mucho mayor que el de los niños blancos no latinos, 30.4 por ciento comparado al 10.7 por ciento en 2013.[23]

Zone-Andrews provee una lista de factores causantes de pobreza en los Estados Unidos:

1. La relación entre la subcultura y sociedad en general.
2. La naturaleza de la comunidad del barrio.
3. La naturaleza de la familia.

---

[20] http://www.pewresearch.org/fact-tank/2016/07/28/5-facts-about-latinos-and-education/

[21] http://www.bls.gov/opub/reports/race-and-ethnicity/archive/labor-force-characteristics-by-race-and-ethnicity-2014.pdf

[22] http://kff.org/other/state-indicator/poverty-rate-by-raceethnicity/?currentTimeframe=0

[23] http://www.pewresearch.org/fact-tank/2015/07/14/black-child-poverty-rate-holds-steady-even-as-other-groups-see-declines/

4. Las actitudes, valores y estructura del carácter del individuo.
5. La falta de participación efectiva e integración de los pobres en las principales instituciones de la sociedad en general.
6. Un mínimo de organización más allá del nivel de la familia nuclear y extendida.
7. En el nivel familiar, temprana iniciación en el sexo y una relativamente alta incidencia de abandono de esposas e hijos.
8. En el nivel individual, un fuerte sentido de marginalidad, impotencia, o de dependencia e inferioridad.
9. Poca habilidad para aplazar la gratificación y planear el futuro.

El pobre crónico es incapaz de llegar a fin de mes debido a su falta de dominio del idioma, educación, habilidades o insuficiencias de carácter.[24]

En muchos casos los latinos y las minorías en los Estados Unidos han sufrido injusticia social y no les ha sido dada la oportunidad de triunfar en Estados Unidos.

Familia latina

El *Pew Research Center, (PRC)* reportó en Diciembre de 2015, en cuanto a los hispanos, que dos tercios (cerca de un 67%) viven con dos padres: 43% viven con los padres de un primer matrimonio, 12% con padres producto de nuevas nupcias y un 11% vive con padres en unión libre. Un 29% de los niños hispanos viven con un solo padre o madre. En comparación con los blancos, de estos PRC reporta que un 78% vive con dos padres: 52% viven con los padres de un primer matrimonio, 19% con padres producto de nuevas nupcias y un 6% vive con padres en unión libre. Cerca de uno en cinco (19%) vive con un solo padre o madre.[25]

Las últimas estadísticas muestran que el índice de divorcio ha disminuido en la última década, y que este es muy parecido entre hispanos y blancos. Los asiáticos son los que tienen un menor índice de divorcios.[26]

La familia latina es más importante que el bienestar individual. Fitzpatrick afirma bien este punto cuando dice:

---

[24] Enrique Zone-Andrews, "Suggested Competencies for the Hispanic Protestant Church Leader of the Future", pp. 208-210.
[25] http://www.pewsocialtrends.org/2015/12/17/1-the-american-family-today/
[26] https://www.sciencedaily.com/releases/2011/11/111103161830.htm

"... el individuo en América latina tiene una profunda consciencia de su membresía en una familia. Piensa en su propia importancia en términos de su membresía en una familia... esto es tan fuerte entre las familias de los muy pobres como en aquellas de los muy ricos. El mundo para un latino consiste en un patrón de relaciones personales íntimas, y las relaciones básicas son aquellas dentro de su familia. Su confianza, su sentido de seguridad e identidad son percibidos en su relación con otros de su familia".[27]

Los latinos encuentran su "sentido de seguridad, identidad y reconocimiento de logros"[28] en sus familias.

Religión latina

Los latinos en los Estados Unidos están destruyendo el estereotipo de que todos los latinos pertenecen a la iglesia católica. Mientras que en décadas pasadas los latinos se identificaban casi en su totalidad como católicos, el PRC revela que en abril del 2012 tan solo un 62% de los encuestados se identificaba como miembro o afiliado a la iglesia católica, mientras un 19% dijo ser protestante y un 14% se identificó como no-afiliado a ninguna religión.[29]

Gracias al Avivamiento de la Calle de Azusa, Gaston Espinosa afirma, "ya desde 1912, los latinos organizaron sus propias iglesias completamente autónomas e independientes en California, Texas, y Hawái".[30]

Henry C. Ball comenzó a predicarles a los latinos a través de un traductor en Ricardo, Texas en 1915. Él era un metodista blanco convertido al pentecostalismo. En enero de 1918 fundó el Distrito Latino del Concilio de las Asambleas de Dios con el objetivo de establecer iglesias latinas.

Francisco Olazabal, un gran pionero del ministerio pentecostal a los latinos en los Estados Unidos, ministró junto a Ball. Él decidió en 1923 dejar las Asambleas de Dios para formar el Concilio Latinoamericano de Iglesias Cristianas.[31] Sus "poderosas cruzadas evangelísticas de sanidad se extendieron por los barrios de Los Ángeles, El Paso, Chicago, Nueva York y Puerto Rico como una marejada espiritual".[32]

---

[27] Fitzpatrick, Joseph P. "Puerto Rican Americans: The Meaning of Migration to the Mainland", p. 78

[28] Villafañe, Eldín. "El Espíritu Liberador: Hacia una Ética Social Hispana Americana Pentecostal", p. 15.

[29] http://www.pewhispanic.org/2012/04/04/v-politics-values-and-religion/

[30] Gaston Espinosa, "The Silent Pentecostals", Christian History 1998, Vol. 17, Publicación 2, p. 23

[31] Ibíd. p. 24.

[32] Ibíd.

Otra gran pionera del ministerio pentecostal latino en los Estados Unidos fue Alice E. Luce. Luce enfatizó el aspecto académico en el Distrito Latino del Concilio de las Asambleas de Dios. Ella fundó el Instituto Bíblico Latinoamericano en dos lugares claves: en San Diego, California (que está ahora en La Puente, California), y en Isleta, Texas (ahora en San Antonio, Texas).[33] Con el retiro de Henry C. Ball en 1937, Demetrio Bazán continuó como pionero del ministerio latino pentecostal en los Estados Unidos. Él fue electo en 1939 Superintendente del Distrito Latinoamericano del Concilio de las Asambleas de Dios.[34]

El trabajo de estos cuatro grandes pioneros del movimiento Pentecostal latino en los Estados Unidos ha crecido a catorce distritos latinos de las Asambleas de Dios, 2.705 iglesias[35] y cuenta con más de 733.000 miembros, los que representan un 23% de toda la membresía de las Asambleas de Dios en los Estados Unidos.[336]Aunque las Iglesias pentecostales Latinas en los Estados Unidos tienen un promedio de 75-100 miembros, miles de personas anualmente están dejando la iglesia católica romana para convertirse en pentecostales. ¿Por qué dejan los latinos la iglesia católica?

La identificación cultural es un método importante para discipular latinos en los Estados Unidos, y es una de las razones principales del por qué los latinos se están convirtiendo en protestantes. Louis Velásquez, director del ministerio hispano de la archidiócesis católica romana de Los Ángeles afirma: "Las iglesias protestantes... inician entrenando ministros de la misma raza e idioma para que la persona tenga un sentido de identidad, pero la mayoría de los sacerdotes [católicos] en la archidiócesis no son hispanos".[37] La iglesia católica sufre de una gran necesidad de clérigos. Velásquez afirma que "la alta relación sacerdotes-parroquianos es de 1 a 5.000".[38]

Los ministros latinos viven en vecindarios latinos. Cecil Robeck, Jr. profesor de historia de la iglesia en el Seminario Teológico Fuller dice: "Los pentecostales tradicionalmente han sido vistos como marginados —educacional, social, y financieramente— así que les encontrará en vecindarios pobres: blancos, negros, o hispanos. Hay muchas iglesias de escaparate.[39]

El protestantismo ofrece mejor calidad de vida a los latinos que lo que ofrece el catolicismo romano, no solo en los Estados Unidos sino en todo el mundo.

---

[33] Ibíd.

[34] Efraim Espinoza, "Hispanic Pentecostalism", Enrichment, Otoño de 1999, Vol. 4, No. 4, p. 59.

[35] http://ag.org/top/office_of_hispanic_relations/index.cfm

[36] http://ag.org/top/about/statistics/index.cfm

[37] Velásquez, Louis; citado por James Blair. Op. Cit., p. 6.

[38] Ibíd.

[39] Cecil, Robeck, Jr. citado por James Blair. Ibíd.

Greeley escribe: "Aquellos que cambian de religión tienen mejor educación, ganan más dinero... es más probable que estén casados... van a la iglesia más a menudo, oran más frecuentemente... Son también más felices en sus matrimonios, y en su vida familiar y personal".[40]

Otro proceso importante para discipular latinos y una razón por la que los latinos están dejando la iglesia católica, es que ellos encuentran en los servicios de la iglesia pentecostal un ministrar del Espíritu Santo a las emociones, sentimientos, luchas, creencias, y frustraciones "que no está presente en el catolicismo anglo".[41] El Pentecostalismo ofrece un sentido de pertenencia e igualdad; cada uno en la iglesia experimenta las mismas necesidades culturales, financieras y sociales.

La realidad latina es una gran oportunidad y responsabilidad de la iglesia para ministrarles y presentarles a Jesucristo, quien ha "venido para que tengan vida, y vida en abundancia" (Juan 10:10). Elizondo escribe cómo la iglesia puede ministrar a los latinos y ayudarles a ser discípulos radicales de Jesús. Él dice:

"Una de las mejores cosas que el cristiano tiene para ofrecer a nuestro confuso y aislado mundo es que, aun encarando realísticamente las luchas de la vida, uno puede levantarse por encima de ellas y experimentar e irradiar gozo y esperanza auténticos, paz y serenidad".[42]

En este capítulo, presenté una breve descripción de las características generales de los latinos en los Estados Unidos. No son ciertas en todos los latinos, pero proveen un entendimiento de la cultura latina en Estados Unidos. Esta descripción nos asiste para comprender la realidad latina en todo el mundo y así generar una estrategia de discipulado ¿Cómo debe ser un discípulo radical latino?

Preguntas de reflexión

1. ¿Cuál es la contribución cultural que los latinos reciben de su trasfondo africano?
2. ¿Cuáles son las dos características latinas que emergen de la combinación de los trasfondos culturales en los latinos?
3. ¿Cuál es el *"Homos Hispanicus"* propuesto por Eldin Villafañe?
4. Describa el comparativo que hizo Jesse Miranda en relación a la cultura latina en Estados Unidos con la anglo.

---

[40] Greeley, Andrew M. "Defection among Hispanics", América, 09/27/97, Vol. 177 Publicación 8, p. 13.

[41] Ibíd.

[42] Virgilio Elizondo, Galilean Journey: The Mexican-American Promise. Maryknoll: New York, Orbis Books. 1994.

CAPÍTULO XI

Una aplicación contextual del discipulado a los latinos

En este capítulo presento una explicación de cómo Jesús ministró a sociedades multi-raciales. Luego hago una aplicación de lo visto hasta aquí al contexto de los latinos; y finalmente realizo una descripción de las características bíblicas de un verdadero discípulo de Jesús. Veamos.

Jesús ministra a sociedades multi-raciales

El judaísmo del primer siglo era una sociedad multi-racial compuesta de judíos, samaritanos, griegos, y romanos. En Lucas 14:25, Jesús dio Su mensaje sobre el discipulado radical a una multitud diversa. Un claro ejemplo de esto podría ser lo que sucede con los latinos en todo el mundo. Jesús entendía las necesidades espirituales, económicas y culturales de la multitud en Lucas 14:25, y les ministró de acuerdo a ellas. Hoy, Jesús entiende las necesidades espirituales, económicas y culturales de los latinos en todo el mundo. Jesús sabía que la multitud recibiría grandes bendiciones al convertirse en Sus seguidores radicales; hoy Él sabe que los latinos también recibirán grandes bendiciones al convertirse en verdaderos discípulos Suyos.

Como menciono antes, los latinos tienen mucho en común con el judaísmo del primer siglo. Somos un grupo diverso de personas.[1] Nuestros idiomas,

---

[1] Zone-Andrews, Enrique. "Suggested Competencies for the Hispanic Protestant Church Leader of the Future", p. 161.

valores, religiones, y costumbres difieren de un latino a otro.[2] Nuestro país de origen influye en nuestras vidas diarias. Los latinos en Estados Unidos, por ejemplo, además de las diferencias propias de sus países de origen, también están diferenciados por generaciones. Los latinos de primera generación son aquellos que vienen a los Estados Unidos de un país latinoamericano, mientras que la segunda, tercera y cuarta generaciones de latinos son aquellos nacidos en los Estados Unidos. Aunque la primera generación habla el idioma de su país natal, español o portugués, al mismo tiempo son diferentes de otros latinos en cultura y costumbres típicas de su país natal. Por otro lado, los hispanos de la segunda, tercera o cuarta generación aprenden el idioma, valores, cultura y costumbres de los Estados Unidos. Ellos asimilan la cultura dominante.[3] Pues bien, es esencial que, como latinos, escuchemos, entendamos y practiquemos el modelo de discipulado radical de Jesús en nuestras vidas diarias. Un mejor entendimiento de las demandas radicales del discipulado de Jesús beneficiará inmensamente a los latinos hoy para ser parte del programa de Jesús y para establecer con fuerza disciplinas espirituales en sus vidas. Así también, los ministros latinos terminarán sus ministerios con gozo.

Aplicaciones de discipulado del capítulo uno

El capítulo uno trata sobre cuatro formas en que los cristianos en general interpretamos el mensaje de Jesús sobre el discipulado radical. Algunos dicen que los discípulos son aprendices de Cristo; otros dicen que los discípulos son creyentes comprometidos; otros afirman que los discípulos son solo los ministros; y el último grupo dice que los discípulos son creyentes en proceso de discipulado. Dietrich Bonhoeffer y Dallas Willard proveen valiosas palabras para los latinos que deseen seguir a Jesús.

Bonhoeffer afirma que el cristianismo sin discipulado devalúa la gracia de Dios. Él escribe: "Gracia barata es la gracia sin discipulado, gracia sin la cruz, gracia sin Jesucristo... Felices aquellos quienes saben que el discipulado es la vida que surge de la gracia, y que la gracia simplemente significa discipulado".[4]

---

[2] Elizondo, Virgilio. "Galilean Journey: The Mexican-American Promise", Maryknoll: New York, Orbis Books. 1994. p 21

[3] Mirandé, Alfredo. "The Chicano Experience: An Alternative Perspective", Notre Dame, Indiana. Univ. of Notre Dame Press. 1985. Page 97

[4] Bonhoeffer, Dietrich. "The Cost of Discipleship" pp. 47, 60.

Dallas Willard escribe acerca de la importancia que los cristianos dan al discipulado de Jesús. Afirma: "... el discipulado o aprendizaje de Jesús ya no es, en nuestros días, visto como algo esencial para la fe en él".[5]

Los latinos en todo lugar del mundo deben ser cuidadosos en seguir a Jesús como Sus discípulos.

Aplicaciones de discipulado del capítulo dos

El capítulo dos estudia cómo el término "discípulo" era entendido en la Palestina del primer siglo. C. G. Montefiore provee valiosa información para los latinos sobre el método de discipulado de Jesús. Él argumenta que el discipulado de Jesús era "... no para el estudio sino para el servicio...".[6] Un elemento importante de la teología del Nuevo Testamento en cuanto al discipulado es la disposición del discípulo a servir (Marcos 10:45).

T. W. Manson va más allá y afirma que el discipulado de Jesús era una "actividad pragmática expandiendo el reino de Dios a través de viajar y proclamar su presencia".[7] El paradigma latino de discipulado debe tener cuidado de enfatizar la presencia del reino de Dios más que solo ejercicios meramente intelectuales.

Aplicaciones de discipulado del capítulo tres

El capítulo tres nos dirige en un viaje por la literatura antigua y su uso. Meeks nos invita a hacernos la siguiente pregunta: ¿En qué tipo de judaísmo estuvieron inmersos los seguidores de Jesús y de qué manera se enfrentaron a este?[8] El planteamiento de los diferentes grupos existentes –fariseos, saduceos, etc.–, y la conclusión de que no existía un judaísmo definido en la esfera en que Jesús y Sus seguidores se movieron, nos lleva a la idea de la diversidad de ideologías que tenemos en nuestro tiempo. ¿Es capaz el latino de distinguir el verdadero planteamiento del discipulado de Jesús en medio de la confusión generada? El discipulado latino en el mundo debe tener en consideración que, aunque puedan existir distintas ideologías acerca del planteamiento del significado de ser un discípulo de Jesús, este permanece siendo el mismo, el descrito por Él.

---

[5] Willard, Dallas. "The Divine Conspiracy: Rediscovering our hidden life in God", San Francisco, CA: HarperCollins Publishers. P. xvii, 1998.

[6] Montefiore, C. G. "Rabínic Literature and Gospel Teachings", p. 218.

[7] Manson, T. W. "The Teachings of Jesus", p. 239.

[8] Meeks, Wayne A. " "Breaking Away: Three New Testament Pictures of Christianity's Separation from the Jewish Communities", Jeremy Cohen, ed. "Essential Papers on Judaism and Christianity in Conflict: From Late Antiquity to the Reformation", Nueva York: New York University Press. 1991. p. 102.

Aplicaciones de discipulado del capítulo cuatro

El capítulo cuatro provee lecciones de discipulado del mundo rabínico del primer siglo, incluyendo el Nuevo Testamento, para los modelos latinos de discipulado.

Shmuel Safrai escribe sobre la importancia de entender las características culturales del discipulado judío del primer siglo, "para entender la relación entre un maestro del primer siglo y su discípulo, se debe apreciar un número fundamental de características en la cultura de ese tiempo".[9]

De la misma manera, es importante investigar y entender la cultura latina en todo el mundo para incorporar correctamente el programa de discipulado de Jesús a los latinos hoy.

Aplicaciones de discipulado del capítulo cinco

El término encontrado en alguna literatura judía antigua (i.e. la Septuaginta, los apócrifos, los seudo-epigráficos, literatura de Qumrán, Filón, los evangelios, Josefo y la literatura rabínica) para describir un discípulo era «*talmidh*». Wilkins nos dice que en "los tiempos talmúdicos era un término técnico especializado que denotaba un estudiante de la Torá aprendiendo bajo un maestro/rabí".[10] «*Chakam talmidh*» era el estudiante avanzado. Era reconocido como igual a su rabí, era capaz de hacer decretos dentro de la ley judía, pero aún no era un rabí calificado.[11] Manson propone que Jesús usó el sustantivo arameo «*shewalya*», "aprendiz", "siervo", para describir a Sus discípulos, en vez de la palabra hebrea «*talmidh*».[12]

Según Manson, el discipulado de Jesús no era una escuela para estudiar la Torá, sino más bien una "actividad pragmática expandiendo el reino de Dios a través de viajar y proclamar su presencia".[13] Manson afirma:

> *"...Jesús era su maestro no tanto como un profesor de doctrina correcta, sino más como un maestro-artesano a quien ellos debían seguir e imitar. El discipulado no era una matrícula en un colegio rabínico, sino un aprendizaje en el trabajo del reino".[14]*

[9] Safrai, Shmuel "Master and Disciple", Perspectiva Jerusalén, Nov.-Dec. 1990. p. 3.

[10] Wilkins, Op. Cit. p. 93.

[11] Aberbach, M. "The Relations Between Master and Disciple in the Talmudic Age", Ensayos Presentados al Rabí en jefe Israel Brodie por Su Septuagésimo Cumpleaños, ed H. J. Zimmels, J. Rabínowitz, y I. Finestein; Jews' College Series, No. 3 (Londres: Soncino, 1967), I, p. 11.

[12] Manson, T. W. "The Teachings of Jesus: Studies of its Form and Content", 2da ed. Cambridge: Cambridge University Press, 1935. pp. 239-240.

[13] Ibíd.

[14] Ibíd. p. 240.

Los latinos debemos practicar también la presencia y el poder del reino de Dios en nuestros programas de discipulado, tal como Jesús lo hizo en Su modelo.

Jesús demostró el importante valor del servicio. Él declaró que Su discipulado está anclado en el servirse los unos a los otros (Marcos 10:42-45). Cuando Pablo se declaró a sí mismo como "siervo de Jesucristo" (en Rom. 1:1; Gal. 1:1), usó un término griego «*doulos*» que significa "esclavo" de Jesucristo.

Servirse los unos a los otros sería una gran bendición para los latinos al establecer nuestros modelos de discipulado.

Aplicaciones de discipulado del capítulo seis

Mateo 22:15-16; Marcos 2:18; y Josefo (Antig.13.289) mencionan la frase "... el cual profesaba ser de los fariseos", confirmando que los fariseos tenían su propio grupo de discípulos. El celo de los fariseos y su motivo de existencia era el cumplimiento de la Torá y el establecimiento de "un movimiento hacia la justicia".[15] Hagner añade: "era este interés por la justicia lo que llevó a los fariseos al legalismo con tal pasión".[16] Si tan solo pudiéramos, como seguidores latinos de Cristo, tener la misma pasión y celo que los fariseos demostraron en sus programas de discipulado, nuestro discipulado cristiano sería más fuerte.

Edward J. Young propone que existe una fuerte probabilidad de que los discípulos de Isaías 8:16 eran a la vez, discípulos de *Yêhovah* primero, y discípulos de Isaías después.[17] Young escribe:

> "Ellos [los Limmuwd de Dios] eran enseñados por Él, sin embargo, a través de la instrucción de la ley y los profetas, y aquí en particular, a través de la enseñanza de Isaías. En este sentido derivado o secundario, entonces, también podían ser denominados los discípulos de Isaías. En sus corazones él sellaría la enseñanza a través de una proclamación fiel a ellos y la explicación de la misma".[18]

Por lo tanto, a los discípulos de Isaías les era posible ser primero discípulos de Yêhovah, y después, discípulos de Isaías. El discipulado latino debe practicar ambos niveles de discipulado íntimo, primero hacia Dios, segundo hacia nuestros líderes.

---

[15] Hagner, Donald A. "Pharisees", ZPEB, 4:752.

[16] Ibíd.

[17] Young, Edward J. "El Libro de Isaías", I, 1965; 2da ed. Grand Rapids: Eerdmans, 1972. p. 314. Michael J. Wilkins, "El Concepto de Discípulo en el Evangelio de Mateo". p. 48. Avery Dulles, "Discipulado", La Enciclopedia de Religión. vol 4. ed. en jefe Mircea Eliade. Nueva York: MacMillan Publishing Co. 1987.

[18] Young, Edward J. "Isaiah", I. p. 314.

El impresionante mundo de la relación maestro/estudiante en el judaísmo antiguo provee lecciones de discipulado para los latinos que habitan en todo el mundo.

El estudio y la práctica de la Torá era la tarea primaria y más importante del discipulado judío. La Palabra de Dios debe ser nuestro valor en el discipulado latino.

Los rabís eran altamente respetados, casi al mismo nivel del respeto debido a Dios. Los estudiantes dejarían todo por un periodo de tiempo para ir y vivir con sus maestros. Servir a los maestros en casi todo era parte esencial del programa de discipulado. Una vez que un rabí había aceptado a un estudiante, ambos iniciarían una fuerte relación filial que la mayoría de las veces era más fuerte que la relación padre-hijo. Los líderes latinos deben tomarse el tiempo de establecer fuertes relaciones maestro-estudiante para ser mentores de sus discípulos.

Que los estudiantes aprendan a servir es otra importante lección de discipulado de los judíos y del mundo del Nuevo Testamento. Esta costumbre era conocida como *Shimmush Talmidei Hakamim* (Cf. Berakhot 7b). La norma era que "toda forma de servicio que un esclavo debía rendir a su amo, el pupilo debía rendirla a su maestro – excepto la de quitarle el calzado".[19] Esta frase me trae a la memoria Juan 13:5, donde Jesús, no solo quitó los zapatos de Sus discípulos, sino que lavó Sus pies también.

Aplicaciones de discipulado del capítulo siete

El objetivo principal en el discipulado judío-rabínico era que sus estudiantes aprendieran la Torá y perpetuar su conocimiento. De hecho, los estudiantes seguían a los rabís que tenían mayor conocimiento de la Torá. *T. Jeb.* 8:4 menciona que Akiba renunció al matrimonio y a la descendencia para poder estudiar la Torá.[20] El elemento más importante en el discipulado de Jesús no era el estudio de la Torá, sino Él mismo. A través de los cuatro evangelios Jesús se destacó a sí mismo. Él siempre llamó a Sus aspirantes a discípulos a seguirlo a Él, no a Su conocimiento (Mr. 2:14 y paralelos.). Pesce escribe:

> *"La autoridad con la que Jesús llama a sus discípulos a seguirlo, afirmando que su persona tiene un valor superior a cualquier ética tradicional estándar e incluso a la Torá, supone de parte de Jesús una conciencia sin precedentes en cuanto a su dignidad, fundada en la certeza de una relación muy especial con Dios. Ningún maestro rabínico, para el cual la Torá era objeto de culto y transmisión, se atrevería a anteponer su autoridad a ella".*[21]

---

[19] El Talmud Soncino, Kethuboth 96a, p. 611, n. 5.
[20] Rengstorf, K. H. «*mathêtê*» p. 447.
[21] Pesce, "Discepolato Gesuano e Discepolato Rabínico", p. 355.

Jesús proclamó la expresión divina del Antiguo Testamento, «*egô eimi*» [Jn. 8:58], dando a entender que Él era "Emmanuel", "Dios con nosotros".[22] La vida eterna dependía de si el discípulo le seguía o no (Mr. 10:17-22; Lc. 9:57-62). Su persona y Sus palabras irradiaban poderosas impresiones en los demás, lo que causaba que ellos se convirtieran en Sus discípulos (Lc. 14:25).

Cuando Él empleó la formula «*egô legô hymin*» ['yo os digo'] en cada una de las seis antítesis del Sermón del Monte (Mt. 5:21-48), se estaba presentando a sí mismo "como el cumplimiento del propósito original de la Torá".[23] Los rabís enfatizaban la Torá, pero Jesús se destacaba a sí mismo (Mr. 10:17, 21 y paralelos; Jn. 8:12). El discipulado latino haría muy mal en acentuar a alguien o algo por encima de Jesús. En Él hay vida y esperanza.

En el discipulado judío y rabínico los estudiantes debían pedir permiso a los rabís para ser sus discípulos (Ab. 1:6; *Shabbath* 30b-31a); Jesús, a diferencia de los rabís, es el que los escoge y llama (Mr. 1:16-17, y paralelos). Él dijo en Jn. 15:16: "No me escogieron ustedes a mí, sino que yo los elegía a ustedes..." El que Jesús tome la iniciativa y llame a Sus seguidores refleja el llamado de Dios de los profetas del Antiguo Testamento.[24]

León Morris afirma: "...el modelo rabínico es insuficiente para explicar el llamado de Jesús al discipulado. Esto desde el principio lleva la implicación de que Jesús es Señor, no simplemente un maestro como lo eran los rabís".[25] Jesús siempre tomaba la iniciativa para escoger y llamar a Sus discípulos a dejar sus actividades para seguirle a Él (Mt. 4:19; 9:9; Mr. 2:14, etc.). Era Jesús, no el discípulo, quien determinaría la relación.[26] Los latinos deben recordar siempre el gran honor que es ser llamados por Jesús a venir a Él y ser Sus discípulos y seguidores por siempre.

Un énfasis del discipulado rabínico era que los estudiantes llegasen a ser rabís como sus maestros. Kvalbein escribe: "Era un gran honor convertirse en rabí, y la posición como discípulo de un famoso rabí daba la posibilidad de convertirse en un famoso rabí también.[27]

Jesús nunca prometió a Sus seguidores que algún día serían rabís. Tampoco prometió a Sus discípulos un lugar de honor en la sociedad como lo hacía el discipulado rabínico. Aunque Él mencionó en Mateo 20:20-28 honor para

---

[22] Para un estudio más profundo ver, G. Braumann, "I Am", NIDNTT, ed. Colin Brown, vol. 2. Grand Rapids, MICH.: Zondervan Publishing House. 1976, 1986. p. 279.

[23] Ibíd.

[24] Weder, Hans. "Disciple, Discipleship", Trad. por Dennis Martin. vol. 2. El Diccionario Bíblico Ancla. ed. en jefe David Noel Freedman. Nueva York: Doubleday. 1992. p. 209.

[25] Morris, Leon. "Disciples of Jesus", Jesús de Nazaret Señor y Cristo, p.116.

[26] Ibíd.

[27] Kvalbein, Hans. "Go therefore and make disciples...The concept of discipleship in the New Testament", Themelios, 13 (Jan.-Feb. 1988), p. 49.

aquellos dispuestos a beber de Su copa y a aquellos que adoptasen una actitud de servicio. Por el contrario, Jesús siempre les recordó a Sus aspirantes a discípulos el alto costo de seguirle (Mt. 8:19-22; 16:21-28; Mr. 8:34-38; Lc. 9:22-27, 57-62; Mr. 8:34 y paralelos).[28] Jesús invitó a Sus discípulos a estar dispuestos a compartir Sus sufrimientos terrenales.

¿Están listos los seguidores latinos de Cristo a seguir a Jesús en tiempos de dificultad e incluso a la muerte?

El discipulado en el judaísmo antiguo era solo una transición temporal. Era un periodo de estudio de la Torá bajo la guía de un rabí hasta que el pupilo llegara a ser rabí, (ver *Yoma* 28b). Con Jesús, sin embargo, Su programa es de por vida e incluso por la eternidad (Jn. 14:1-3). ¿Están listos los hispanoparlantes del mundo a seguir a Jesús por siempre?

Aplicaciones de discipulado del capítulo ocho

En el capítulo ocho completé un estudio exegético y sociológico de Lucas 14:25-33. Este pasaje presenta las radicales demandas de Jesús a Sus seguidores potenciales en Su programa de discipulado. Jesús informa a la multitud que no pueden ser Sus discípulos si no le aman a Él por encima de todos los demás, si no están dispuestos a sufrir incluso la muerte por Él y si no renuncian a sus posesiones materiales.

a) La primer lección de discipulado del capítulo ocho que los latinos necesitan aprender para nuestro programa de discipulado latino es: ¿estamos listos, como hispanohablantes a cumplir las tres demandas radicales de Jesús?

b) Lucas 14:27 afirma que para poder llegar a ser un discípulo de Jesús, a los seguidores potenciales se les demandaba "odiar" a su padre y a su madre, su esposa e hijos. Este requisito del discipulado de Jesús es muy difícil para los latinos en cualquier parte del mundo porque "el compromiso hacia la familia es una de las principales características de la cultura latinoamericana".[29] La identidad del latino está íntimamente relacionada a su familia.[30]

---

[28] Hengel, "The Charismatic Leader and His Followers". p. 54. Él dice que Jesús y sus discípulos muy probablemente vivían de la fuerza de las donaciones (Lc. 8:3), y Él rechazo hacer cualquier provisión para el futuro. Consecuentemente 'seguirle' tenía principalmente el sentido concreto de seguirle en su vida itinerante y compartir con Él su destino incierto y peligroso.

[29] Villafañe, Eldin. El Espíritu Liberador, p. 13.

[30] Fitzpatrick, Joseph P. "Puerto Rican Americans: The Meaning of Migration to the Mainland", p. 78.

Encuentro en Deuteronomio 33:9 y Éxodo 32:27-29 una similitud de «*sane*» [entendida como "amar menos"], cuando los levitas desatendían sus propias familias al llevar el sacrificio mientras servían a Dios. De la misma manera como Dios demandaba fidelidad a Israel en Éxodo 20:3: "no tengas otros dioses además de mí", Jesús está exigiendo lealtad similar de Sus discípulos potenciales en Lucas 14:26.

Malina y Neyrey explican este "odiar" desde el punto de vista del honor afirmando: "el honor, entonces, es la constante; pero lo que constituye honor puede variar de un lugar a otro, de una situación a otra".[31] En este caso, los seguidores potenciales de Jesús debían honrar primero a Jesús, y a los miembros de su familia después.

Dallas Willard afirma, "El punto entero de este pasaje es que mientras uno piense que cualquier cosa podría ser más valiosa que el compañerismo con Jesús en su reino, uno no podría aprender de Él".[32]

¿Están listos los seguidores latinos de Jesús a amarle incluso por encima de los miembros de la familia más amados?

Aplicaciones de discipulado del capítulo nueve

El capítulo nueve presenta la teología de Jesús sobre el discipulado de acuerdo a los evangelios llamados sinópticos (Mateo, Marcos y Lucas). Hay lecciones importantes para los latinos en los evangelios.

a) Mateo revela el lado humano de los discípulos (ver, por ejemplo, Mt. 8:23-27 y 26:57). Mateo enfatiza que el ser discípulo no significa perfección. Los latinos deben entender que todos los discípulos son seres humanos en proceso de crecimiento.

b) Marcos 8:35, 38 y 10:29 nos dice que los discípulos deben sufrir no solo por Jesús, sino también por Su evangelio y Sus palabras. El discipulado latino debe ser más que una relación personal con Jesús, debe ser un compromiso con Sus palabras.

c) Lucas enfatiza más poderosamente –y más que ningún otro– las demandas radicales del discipulado y el costo de seguir a Jesús. Los latinos deben proceder como lo ordena Jesús a todos aquellos que desean ser sus discípulos en el evangelio de Lucas.

---

[31] Ibíd.

[32] Willard, Dallas. "The Divine Conspiracy: Rediscovering our Hidden Life in God". Nueva York, NY, HarperCollins Publ. 1998. P. 293.

Una descripción bíblica del discípulo de Jesús

Un discípulo radical de Jesús, de acuerdo a las Escrituras, cumple los siguientes requisitos:

a) Reconoce a Jesús como Señor de su vida.

"Que si confiesas con tu boca que Jesús es el Señor, y crees en tu corazón que Dios lo levantó de entre los muertos, serás salvo" –Romanos 10:9.

b) Es libre de pecado y vive para Dios.

"... y la sangre de su Hijo Jesucristo, nos limpia de todo pecado" –1 Juan 1:7b.

"De la misma manera, también ustedes considérense muertos al pecado, pero vivos para Dios en Cristo Jesús" –Romanos 6:11.

"Por lo tanto, si alguno esta en Cristo, es una nueva creación. ¡Lo viejo ha pasado, ha llegado ya lo nuevo!" –2 Corintios 5:17.

"Pero ustedes son linaje escogido, real sacerdocio, nación santa, pueblo que pertenece a Dios, para que proclamen las obras maravillosas de aquel que los llamó de las tinieblas a su luz admirable" –1 Pedro 2:9.

c) Es lleno del Espíritu y vive por el Espíritu.

"Después de haber orado, tembló el lugar en que estaban reunidos; todos fueron llenos del Espíritu Santo, y proclamaban la palabra de Dios sin temor alguno" –Hechos 4:31.

"No se emborrachen con vino, que lleva al desenfreno. Al contrario, sean llenos del Espíritu" –Efesios 5:18.

"Así que les digo, vivan por el Espíritu, y no seguirán los deseos de la naturaleza pecaminosa" –Gálatas 5:16.

d) Ama a Jesús incluso más de lo que se ama a sí mismo y a su familia.

"Si alguno viene a mí y no sacrifica el amor a su padre y a su madre, a su esposa y a sus hijos, a sus hermanos y a sus hermanas, y aun a su propia vida, no puede ser mi discípulo" –Lucas 14:26.

e) Sigue a Jesús diariamente de manera intima.

"Reunió a sus doce discípulos..." – Mateo 10:1.

"Vengan, síganme –les dijo Jesús–, y los haré pescadores de hombres. Al instante dejaron las redes y lo siguieron" –Mateo 4:19-20.

"Y el que no... y me sigue, no puede ser mi discípulo" –Lucas 14:27b.

f) Está dispuesto a sufrir lo que sea por Jesús, incluso la muerte.

"Y el que no carga su cruz y me sigue... no puede ser mi discípulo" –Lucas 14:27a

"Dirigiéndose a todos, declaró: Si alguien quiere ser mi discípulo, que se niegue a sí mismo, lleve su cruz cada día y me siga" –Lucas 9:23.

g) Practica continuamente las disciplinas espirituales.

"Un día estaba Jesús orando en cierto lugar. Cuando terminó, le dijo uno de sus discípulos: Señor, enséñanos a orar... Él les dijo: Cuando oren, digan..." –Lucas 11:1-2.

"Oren sin cesar" –1 Tesalonicenses 5:17.

"En mi corazón atesoro tus dichos para no pecar contra ti" –Salmos 119:11.

h) Se separa a sí mismo del pecado y vive para Dios.

"Como hijos obedientes, no se amolden a los malos deseos que tenían antes, cuando vivían en la ignorancia. Más bien, sean ustedes santos en todo lo que hagan, como también es santo quien los llamó; pues está escrito: 'Sean santos, porque yo soy santo" –1 Pedro 1:14-16.

"Con respecto a la vida que antes llevaban, se les enseñó que debían quitarse el ropaje de la vieja naturaleza, la cual está corrompida por los deseos engañosos... y ponerse el ropaje de la nueva naturaleza, creada a imagen de Dios, en verdadera justicia y santidad" –Efesios 4:22,24.

i) Renuncia a los bienes materiales para ser un seguidor y discípulo radical de Jesús.

"De la misma manera, cualquiera de ustedes que no renuncie a todos sus bienes, no puede ser mi discípulo" –Lucas 14:33.

"Porque el que quiera salvar su vida, la perderá; pero el que pierda su vida por mi causa, la salvará. ¿De qué le sirve a uno ganar el mundo entero si se pierde o se destruye a sí mismo?" –Lucas 9:24-25.

j) Practica continuamente la realidad de Dios y crece en el carácter de Cristo.

"De este modo, todos llegaremos a la unidad de la fe y del conocimiento del Hijo de Dios, a una humanidad perfecta que se conforme a la plena estatura de Cristo... creceremos hasta ser en todo como aquél que es la cabeza, es decir, Cristo" –Efesios 4:13, 15b.

"Queridos hijos, por quienes vuelvo a sufrir dolores de parto hasta que Cristo sea formado en ustedes" –Gálatas 4:19.

k) Es un siervo de Dios.

"Pero entre ustedes no debe ser así. Al contrario, el que quiera hacerse grande entre ustedes deberá ser su servidor, y el que quiera ser el primero deberá ser esclavo de todos. Porque ni aun el Hijo del hombre vino para que le sirvan, sino para servir y para dar su vida en rescate por muchos" –Marcos 10:43-45.

l) Participa activamente en un programa en donde es responsable ante su mentor.

"Recuerda los días de antaño; considera las épocas del remoto pasado. Pídele a tu padre que te lo diga, y a los ancianos que te lo expliquen" –Deuteronomio 32:7.

"Él... ordenó a nuestros antepasados enseñarlos a sus descendientes, para que los conocieran las generaciones venideras y los hijos que habrían de nacer, que a su vez los enseñarían a sus hijos. Así ellos pondrían su confianza en Dios..." –Salmos 78:5b-7a.

m) Testifica de la grandeza de Jesús y de sus bendiciones.

"Pero cuando venga el Espíritu Santo sobre ustedes, recibirán poder y serán mis testigos tanto en Jerusalén como en toda Judea y Samaria, y hasta los confines de la Tierra" –Hechos 1:8.

n) Tiene una cosmovisión desde el reino de Dios y practica la ética del reino.

"Se ha cumplido el tiempo –decía–. El reino de Dios está cerca. ¡Arrepiéntanse y crean las buenas nuevas!" –Marcos 1:15.

"Dichosos los pobres en espíritu, porque el reino de los cielos les pertenece" –Mateo 5:3.

o) Económicamente, apoya gustoso el trabajo de Dios en la tierra.

"En medio de las pruebas más difíciles, su desbordante alegría y su extrema pobreza abundaron en rica generosidad. Soy testigo de que dieron espontáneamente tanto como podían, y aún más de lo que podían" –2 Corintios 8:2-3.

"... porque Dios ama al dador alegre" –2 Corintios 9:7.

p) Es activo en su iglesia.

"Vale más pasar un día en tus atrios que mil fuera de ellos; prefiero cuidar la entrada de la casa de mi Dios que habitar entre los impíos" –Salmos 84:10.

q) Practica continuamente la justicia social.

"Entonces dirá el Rey a los que están a su derecha: Vengan ustedes, a quienes mi Padre ha bendecido; reciban su herencia, el reino preparado para ustedes desde la creación del mundo. Porque tuve hambre, y ustedes me dieron de comer; tuve sed, y me dieron de beber; fui forastero, y me dieron alojamiento" –Mateo 25:34-35.

Preguntas de reflexión

1. ¿Por qué se dice que Jesús ministró a sociedades multirraciales?
2. En cuanto a las aplicaciones de discipulado del capítulo 6, ¿Cuál es el pensamiento de Edward J. Young con respecto a la explicación de Isaías 8:16?
3. Menciones las 14 características del discipulado bíblico de Jesús.
4. Diga al menos con 4 de las características anteriores los versículos bíblicos que les respaldan.

Conclusiones

El propósito principal en este libro es responder a las preguntas, ¿qué quiso decir Jesús con: "Si alguien viene a mí, y no sacrifica el amor a su padre y a su madre, a su esposa y a sus hijos, a sus hermanos y a sus hermanas, y aun a su propia vida, no puede ser mi discípulo?" (Lucas 14:26). ¿Por qué Jesús parece ser tan demandante? ¿Son las demandas radicales del discipulado de Jesús solo para Sus primeros seguidores? ¿Puede una persona convertirse en cristiano sin obedecer tales demandas radicales de discipulado? ¿Se aplican estas o no a los latinos hoy?

Este libro provee información útil que nos ayuda a tener un mayor entendimiento del programa de discipulado de Jesús. Mediante lo expuesto en este libro he descubierto que Jesús desea que Sus seguidores sean discípulos radicales y así, sean miembros del reino de Dios y experimenten la totalidad del cristianismo en sus vidas.

Dividí este proyecto en once divisiones principales que nos asisten en el tan importante asunto de convertirnos en discípulos radicales de Jesús. De ello podemos extraer las siguientes conclusiones:

Primero: investigué las diferentes interpretaciones actuales del programa de discipulado de Jesús. Aquí, encontré que hoy algunos cristianos creen que discípulo es sinónimo de aprendiz. Otros creen que los discípulos son solo los cristianos comprometidos. El tercer grupo cree que los discípulos son solo los ministros. Más aún, el último grupo afirma que los discípulos son los creyentes que están en el proceso de discipulado. Ya que los cristianos que creen y siguen a Jesús son Sus discípulos, entonces no necesitan convertirse en ministros para ser discípulos de Jesús. Los discípulos son aquellos que creen en Jesús.

Segundo: en mi investigación hice un estudio léxico y semántico del término «mathêtê». Logré un entendimiento bíblico y clásico de la terminología del discipulado. Expuse que en tiempos antiguos «mathêtê» podía ser interpretado secular o religiosamente. Secularmente significaba un pupilo y religiosamente significaba un seguidor. En el Nuevo Testamento, un «*mathête*» podía ser un creyente en Cristo, un miembro de los doce, o un seguidor religioso.

Tercero: investigué los grupos de discipulado en el judaísmo antiguo. Este estudio fue un estudio de la relación maestro/discípulo del primer siglo el cual, por cierto, provee a los latinos varios ejemplos excelentes aplicables a nuestros programas de discipulado en la actualidad.

Cuarto: expliqué que existen dos advertencias acerca de la literatura judía antigua, la teología del judaísmo antiguo y esto tiene que ver, primero, que no se podría hablar de judaísmo sino de judaísmos; y segundo, que la mayoría de la literatura judía rabínica fue escrita después del siglo II a. C. Tener en mente estas advertencias nos ayudará a entender lo que el discipulado significaba para los judíos.

Quinto: expliqué que el término "gracia" no era completamente ajeno antes del advenimiento de Cristo, aunque con Cristo la gracia fue totalmente puesta en acción. Por otro lado, el pueblo judío era el pueblo de la Torá, la ley de Moisés. Los judíos históricamente hicieron (y hacen) esfuerzos muy importantes para enseñar la ley a sus niños y es así como surge la "*beth midrash*" o "casa de estudio".

Sexto: es importante analizar la terminología de discipulado en la literatura más importante antes del advenimiento de Jesús. El estudio de lo que significaba «*mathête*» para los apócrifos, los seudo-epigráficos, el Qumrán y los escritos de Filón y Josefo nos traen luz acerca del ambiente que pudiera encontrar Cristo con respecto a este tema. En los escritos de Filón un «*mathête*» podía ser un aprendiz, una persona superior a las multitudes, un estudiante de las Escrituras, o un discípulo directo de Dios. Para Josefo era uno que aprende o imita; uno que sostenía una relación íntima y perpetua con su maestro; también podría ser un estudiante intelectual separado de su maestro por tiempo y distancia, o inclusive, el miembro de una escuela filosófica.

Séptimo: es posible observar interesantes datos en cuanto a la relación de discipulado en el judaísmo del primer siglo. Primero, existieron los llamados "discípulos de Moisés" entre los que destacaban "los fariseos". Segundo, hubo también los líderes de tipo profético, tales como Eleazar ben Dinai. Y tercero, en los tiempos de Cristo, evidentemente, también existieron los discípulos de Juan el Bautista.

Por otro lado, el estudio del judaísmo rabínico nos trae datos remarcables en las exigencias del discipulado dentro de ese contexto. Todos estos estudios nos dan un marco de referencia que nos sirve para contrastar el discipulado demandado por Jesús.

Octavo: hice una comparación entre los programas de discipulado rabínico y el discipulado de Jesús. Jesús era culturalmente judío y las cinco semejanzas citadas en el capítulo séptimo entre el sistema de Jesús y el de los rabís afirman que Jesús no se divorció del entorno y las costumbres judías. Estas cinco semejanzas son: 1) Jesús se asemejaba a un escriba judío, 2) Él se equipó con un grupo de «*mathêtê*», 3) El estilo de enseñanza era judío, 4) Los discípulos, así como sucedía con los rabís, le servían y, 5) Jesús era responsable del comportamiento de Sus discípulos como sucedía con los discípulos del programa rabínico.

Al mismo tiempo las diferencias del discipulado de Jesús con el de los rabís consistía al menos en: 1) Que Jesús no invitaba a seguir y a centrarse en la Torá, sino en Él mismo, situándose encima de las Escrituras, 2) Los discípulos de los rabís perseguían ser rabís un día también, sin embargo Jesús no prometió eso, más bien advirtió que todos Sus discípulos sería siempre hermanos, 3) El llamamiento de Jesús era totalmente distinto al de los rabís, pues era Él mismo quien hacía el llamado, a la manera de los llamamientos de los siervos de Dios en el Antiguo Testamento y, 4) La duración de los estudios en el discipulado de Jesús es perpetua.

Noveno: hice un estudio exegético de Lucas 14:25-33. Aquí Jesús presenta tres demandas radicales a la multitud, si es que desean ser Sus discípulos. Jesús también le enfatizó a la multitud el costo de ser Sus discípulos para que no hicieran una decisión apresurada al empezar a seguirle. Cada programa de discipulado latino debe basarse en Lucas 14:25-33 y entender que podemos lograr pagar el costo del discipulado de Jesús por medio de la fe en Él, y al vivir en el poder del Espíritu Santo.

En esta sección hice un estudio sociológico del discipulado de Jesús. Analicé las conclusiones de Theissen, al implicar que Jesús tenía dos diferentes demandas éticas. Unas para los "carismáticos itinerantes", que dejaban familia y trabajo y debían viajar con Jesús llevando el mensaje de su maestro a todos; y otras demandas éticas menos radicales para los "simpatizantes". Este segundo grupo, según Theissen, no tenían que dejar familias ni trabajos y no tenían que viajar tampoco. Ellos tan solo sostenían económicamente a Jesús y a Sus carismáticos itinerantes. Llegué a la conclusión de que la teoría de Theissen crea un cristianismo de dos niveles que la Biblia no apoya. Jesús demandaba una decisión radical de seguirle bajo cualquier circunstancia.

Décimo: examiné cómo los escritores sinópticos interpretaban y enseñaban a sus propias comunidades cristianas el programa de discipulado de Jesús. Cada uno de los escritores de los evangelios, Mateo, Marcos y Lucas, presentan diferentes puntos de vista del discipulado de Jesús de acuerdo a la dirección del Espíritu Santo, su propio trasfondo y a las necesidades de sus comunidades.

Los escritores sinópticos afirmaron que las comunidades cristianas eran discípulos de Jesús, y que debían cumplir las demandas radicales del discipulado. Los escritores sinópticos presentaron claramente que el seguir a Jesús significaba ponerle en primer lugar en sus vidas, y aceptar todo tipo de persecución en Su Nombre. Los escritores enseñaron que Jesús recompensaría a Sus seguidores en esta vida y en la que está por venir. También enseñaron que Jesús hacía demandas radicales a Sus seguidores de acuerdo a su propósito y de acuerdo al corazón de la persona.

Los evangelistas sinópticos enseñaron que Él es quien llama y escoge a cada persona a seguirle y a ser Su discípulo. Sin embargo, como sabemos, este asunto de la elección es posteriormente aclarado por el resto de los escritos Neo-testamentarios, en donde para ser discípulo de Cristo es necesario, no esperar a ser uno de los elegidos de Dios, sino simplemente acudir a la fuente de salvación que está reservada para todos. Como también el mismo Cristo Jesús lo dice en Juan: "Si alguno tiene sed, venga a mí y beba". (Jn. 7:37).

Los escritores sinópticos enseñaron también la diferencia entre los discípulos y la multitud. Los discípulos habían hecho su decisión de aceptar las demandas del discipulado, mientras que la multitud no.

Finalmente, los tres evangelistas enseñaron el lado humano de los discípulos.

Mateo presentó a los discípulos de Jesús como seguidores que entendían las parábolas de Jesús después de que Él se las explicaba. No así con Marcos, ya que él presentó a los discípulos como seguidores incapaces de comprender el ministerio de servicio de Jesús. De la misma manera, ellos tampoco podían entender por qué el Mesías tenía que sufrir la cruz.

La distinción de Marcos fue su enseñanza sobre el ministerio de servicio de Jesús, diciéndole a su comunidad que como discípulos de Jesús, todos debían adoptar una actitud de servicio; mientras que la marca de Lucas fue su fuerte énfasis en las demandas radicales del discipulado para cada seguidor de Jesús. Lucas nos ayuda también a entender el discipulado, porque él es el único que escribe una extensión a la narrativa de su evangelio, el libro de los Hechos. Él nos dice cómo la iglesia primitiva entendió y practicó el discipulado.

Undécimo: en el capítulo diez presenté un perfil de los latinos en los Estados Unidos como ejemplo para otros latinos en el mundo. Esta sección nos ayuda a conocer y entender los rasgos culturales latinos y su realidad. También presenté aplicaciones para los latinos y una descripción bíblica de un discípulo radical de Jesús. Hay diecisiete componentes bíblicos básicos que un discípulo radical de Cristo cumple.

Al final de este libro, incluyo un apéndice con materiales que puede servir en la aplicación del discipulado radical de Jesús a nuestras vidas diarias.

Jesús requiere las demandas radicales del discipulado de todos Sus discípulos potenciales, incluyendo a los latinos en los cinco continentes. Aquellos que acepten el llamado radical del discipulado serán miembros del reino de Dios en la Tierra, serán parte de Jesús y experimentaran la totalidad del cristianismo.

APÉNDICE

Materiales de aplicación al discipulado

¿Existen hoy materiales o programas disponibles que nos asisten al aplicar el paradigma de discipulado de Jesús a nuestras vidas diarias?

Los siguientes son materiales y programas de discipulado que nos guiarán a aplicar diariamente el método radical de discipulado de Jesús.

1. Clarensau, Michael H.; Lee, Sylvia; Mills, Steven R. (2002) *Edificamos Gente: Haciendo Discípulos para el Siglo XXI*, Gospel Publishing House, Springfield, MO. En inglés o español, este material es ofrecido por la denominación de las Asambleas de Dios a través de *Gospel Publishing House*, de Springfield, MO. El objetivo de estas lecciones de discipulado es ayudar y guiar a los miembros de las iglesias a crecer en Cristo y en el ministerio. Mills afirma que este programa desea, "ver a las personas llegar a ser como Cristo en su carácter, valores, y estilo de vida. Eso es de lo que *Edificamos Gente* se trata, ayudar a las Iglesias y a sus líderes a ser altamente efectivos en desarrollar seguidores devotos de Cristo.[1]

Edificamos Gente contiene lecciones divididas en cuatro pasos para ayudar a los cristianos a ser discípulos radicales de Cristo. Primero, el compromiso a la membresía, segundo el compromiso a la madurez, tercero el compromiso al ministerio y finalmente el compromiso a la misión.

2. Smith, James B. y Graybeal, Lynda (2007) *A Spiritual Formation Workbook* (Un Manual de Formación Espiritual) HarperOne; edición Revisada, Englewood, CO.

---

[1] Steven R. Mills. "We Build People - Pastors' Kit: Making Disciples for the 21st Century", Springfield, MO. Gospel Publishing House, 1997. p. 9.

Este libro [disponible solo en inglés] es un excelente manual escrito para ayudar a los cristianos a practicar disciplinas espirituales a través de grupos de formación espiritual. Esta obra es parte de los materiales ofrecidos por *Renovaré ministries*, organización dirigida por el Dr. Richard J. Foster. *Renovaré ministries* ofrece una rica variedad de excelentes libros diseñados para ayudar a los cristianos en su relación íntima con Jesucristo.

3. Robert Coleman ofrece excelentes recursos para hacer discípulos. Ejemplos de estos recursos son: 1) *The Master Plan of Discipleship: Principles of the Great Commission*. 2) *The Master Plan of Evangelism* (1. El Plan Maestro del Discipulado: Principios de la Gran Comisión. 2. El Plan Maestro de Evangelismo), Estos libros trazan principios básicos de la estrategia de Jesús para alcanzar el mundo haciendo discípulos. Otro buen libro del mismo autor es: *Disciple Making: Training Leaders to Make Disciples* (Haciendo Discípulos: Entrenando a los Líderes a Hacer Discípulos). Todos estos libros solo están disponibles en inglés.

4. El ministerio *Navigator Church Ministries* ofrece una serie de lecciones a las que ha llamado *Design for Discipleship Series* (Serie Diseño para Discipulado). Estas lecciones pueden obtenerse en *Navigators Press* y son lecciones para estudiantes de educación media. Los temas son: *Your life in Christ* (Tu vida en Cristo), *Walking with Christ* (Caminando con Cristo), *Character of the Christian* (Carácter del Cristiano), *Foundations for Faith* (Fundamentos para Fe), *Growing in Discipleship* (Creciendo en el Discipulado) y *Our Hope in Christ* (Nuestra Esperanza en Cristo). Este material está solo disponible en inglés.

5. *Discipleship Journal Bible StudiesDiario* (Bíblico de Estudios de Discipulado). Navigators Press. Estas lecciones son para creyentes maduros o en crecimiento. Los temas son (los títulos solo están en inglés)*: Beating Busyness; Following God in Tough times; Becoming more Like Jesus;* y *Growing Deeper with God* (Superando Ocupaciones; Siguiendo a Dios en Tiempos Difíciles; Siendo más como Jesús; y, Creciendo más profundamente con Dios).

6. *Foundations for Christian Living Series* (Serie Fundamentos Para la Vida Cristiana). *Navigators Press*. Estas lecciones son para creyentes maduros o en crecimiento. Este material incluye una descripción del trabajo del facilitador. Los temas reflejan el seguimiento de ocho temas principales de la vida cristiana (los títulos solo están en inglés)*: Christlikeness, intimacy with God, Outreach, Relationships, Restoration, Warfare, Work, and Worship* (Ser como Cristo, Intimidad con Dios, Alcance, Relaciones, Restauración, Guerra, Trabajo, y Adoración).

7. *The Life and Ministry of Jesus Christ Series* (Serie La Vida y Ministerio de Jesucristo). *Navigators Press.* Estas lecciones son para creyentes maduros o en crecimiento y se enfocan en conocer a Cristo para seguirle más de cerca. Los temas son (los títulos solo están en inglés): *The Messiah, Following Jesus, Answering the Call, Final Teachings, The Cross and Resurrection, and Leader's Resource* (El Mesías, Siguiendo a Jesús, Respondiendo al Llamado, Enseñanzas Finales, La Cruz y Resurrección, y Recurso del Líder).

8. Dick Peace (1998) *Spiritual Formation Series* (Series de Formación Espiritual), NavPress, Tydale House Publisher, Inc., Carol Stream, IL. Estas lecciones profundizaran tu caminar cristiano con disciplinas espirituales y ejercicios. Los temas son (los títulos solo están disponibles en inglés): *Contemplative Bible Reading, Meditative Prayer, Spiritual Autobiography, Spiritual Journaling* (Lectura Contemplativa de la Biblia, Oración Meditativa, Autobiografía Espiritual, Viaje Espiritual).

9. *Growing Strong in God's Family: A Course in Personal Discipleship to Strengthen Your Walk with God* (Creciendo fuerte en la familia de Dios: un curso de discipulado personal para fortalecer tu caminar con Dios). [Este libro también está disponible en español]. *Navigators Press.* Estas lecciones son para creyentes maduros o en crecimiento. Este es el primer libro en la serie de Discipulado 2:7 que provee a los cristianos con un enfoque bíblico y practico del discipulado.

Concluyo este libro con las palabras de Jesús en Mateo 28:18-19: "Jesús se acercó entonces a ellos y les dijo: Se me ha dado toda autoridad en el cielo y en la tierra. Por tanto, vayan y hagan discípulos a todas las naciones... Y les aseguro que estaré con ustedes siempre, hasta el fin del mundo".